朝岡 勝

読みつつ生き、生きつつ読む

自伝的読書論

キリスト新聞社

はじめに——出会うべくして出会うもの

「自伝的読書論」などというタイトルの本を書くことになるとは、思ってもみないことでした。もし若い頃の僕が今の自分に言葉をかけることができるとしたら、きっとこう言うに違いないと思います。

「やめておけ！」

この先、お読みいただければすぐにお分かりいただけるように、僕は一〇代の終わりまで、まったくと言ってよいほど「本」や「読書」と無縁な生活を送ってきました。本を読む楽しさを知ったのは一〇代の終わりから二〇代にかけて、そして実際に中身の理解を伴う「読書」を始めたのは牧師という務めに就いてからと言っても過言ではありません。つまり「自分の無知さを知って」、「必要に迫られて」、はじめて本と向き合い、本を読むようになったのです。

それからかれこれ三十数年が過ぎました。僕は一介の牧師ですから、ここに書くことにも何か特別なことがあるわけではありません。きっと、もっとためになる読書術のようなものをお持ちの方が多くおられることと思います。しかし「本を読まなかった人間」が、やがて成長するとともに「本を読む人間」になり、「自伝的読書論」などという本を書くに至ったのはいったいどういう経緯によるのか、と興味を持ってくださる方があるかもしれません。その意味では「本」というものとの出会いが、人をどれだけ成長させる力を持っているか（僕の場合は成長できたかもあやしいのですが）、そんな一つの記録としてお読みいただければと思います。

正確に数えたことはありませんが、今、僕の書斎にある蔵書はあらゆるジャンルを含めて約一万冊ぐらいだと思います。そのうち七割ぐらいがいわゆるキリスト教関係の神学書や注解書などの類い、残りの三割が小説やノンフィクションやドキュメンタリー、評論や思想、歴史などの類いという感じです。

これまで数度の引っ越しをしてきましたが、牧師になってから二五年のぐらいの間は、本は増加の一途を辿りました。そしてそのピークだった二〇二一年に東京の教会から千葉の大学に引っ越すことになり、その段階で全体の四分の一近くを古書店に引き取ってもらい、段ボール箱一〇〇箱ぐらいにして東京基督教大学にやって来ました。

しかし、担当する授業が増えたこと、大学経営や運営について学ぶ必要が増えたこと、諸教会に招かれての礼拝説教や講演の機会が著しく増えたこともあって、それから三年少しの間に減らしてきた分と同じか、それ以上に本の量が増えることになって今に至っています。

いま、この本を書いている現在は千葉にいるのですが、おそらく本が出来上がった後、春を迎えるころには、今お仕えしている教会での働きを終えて、いずれかの教会に赴任していると思います（このあたりのいきさつの詳細はややこしいので省きます）。そこでの目下の悩みは、その際に果たして再び本を減らせるかどうかということです。前回の引っ越しの際も相当悩みに悩んで処分する本を決めたので、手もとに残したのはこれから使うつもりだったり、死ぬまでは一緒に過ごしておきたいと思ったりするものばかり。それに加えてこの三年で増えた本がありますから、おそらく前回のように処分することは難しいだろうと予想されます。

そしてこの間、大学図書館の恩恵を最大限に享受しました。読みたい本や雑誌、ちょっと調べものをしたり、一冊のうちの数ページを確認したり、なかなか入手困難な専門書に目を通したいときに、図書館サイトに貸出申請をすれば数時間後には通知が来て本が借りられる。再び地域教会に戻るとなるとそういうわけにもいかず、おそらく今後も自分の関心テーマにひっかかるものは新刊や古書で買い求めることになるでしょう。

どこにいくかは今のところまったく何も決まっていませんし、これといった要望や条件もありません。地域も場所も教会の規模もどんなものであってもこだわりはない。神さまが「行け」と言われ、教会の皆さんが「来て」と言ってくだされば、どこにでも行くつもりでいるのですが、敢えてリクエストを挙げることが許されるなら、「本を収めるスペースがありますか?」ということになるでしょう。

最近、古書店の目録やネットオークションサイトを見ると、キリスト教専門書がかなり多く出品されています。おそらく団塊世代の牧師たちが引退されたり、逝去されたりして、そのような先生方の蔵書が一気に出てくる。かつてであれば喉から手が出るほど欲しかったのに値段を見て諦めたような古典的名書や全集、著作集などが、驚くような安価で出品されている。紐で括られて、文字通り「ひとやま幾ら」という感じで売られていることもある。そういう本の山を見ると、何と言えぬ気持ちになります。長年、伝道牧会に励まれた牧師方の「使い込まれた仕事道具」たちの最後がこういう形になると思うと心が痛みます。しかしこれもやむを得ぬ現実でもあるのでしょう。

また神学大学に身を置いてみて驚いたのは、図書館への寄贈の申し出の多さです。確かに貴重な蔵書を神学生に使って欲しいというお気持ちはありがたく、神学生たちに読ませたい本もある。一方で図書館のスペースにも限りがあり、重複本などを除いても図書館に収められる状態の本は限られる。それでせっかくのお申し出をお断りせざるを得ない場合もあるし、学内の古書サークルが値付けをして学生たちに販売したり、最終的に買い手の付かないものは段ボール箱に入れられたりして、「ご自由にどうぞ」ということになる。

今の神学生たちは個人差はあるものの、おしなべて以前ほどに本を手にすることは少ないようです。それは「本離れ」というよりも、電子書籍やコンピューターソフトの充実で、「モノ」としての本が書棚を数段占拠するようなことがなくなっているのです。特に英文の注解書シリーズなどはほとんど電子化されていて、タブレットの中に何百冊でもストックすることが可能となっています。

校舎の片隅で誰も引き取り手がなく、「ご自由にどうぞ」という扱いとなっている本たちを覗いてみると、僕の目から見れば「どうしてこれが残っているの?」と思うような稀少本に出会うこともあり、「残り物には福がある」などと独り言を言いながら、そんな数冊を抱えて自分の部屋に持っていくことになる。こうして本はまた増えていくのです。

もちろん上には上にいるもので、古書の探索力、収集力のプロのような牧師や神学者の先生方もいるし、キリスト教史や教会史など歴史の専門家ともなれば、虫食いの穴があり、開くとそのまま分解されそうな古文書のようなものをにんまりしながら扱ったり、「こんな本の情報がありましたよ」などとメールを送ったりすると、そんな情報はとっくにチェック済み、というようなことがしばしば起こります。宗教改革史の専門の先生が天に召され、弟子筋の先生や長老さんが蔵書の整理を頼まれたところ、誰かがゴミに分別し、もうすぐ収集されようかという紙くずの山の中から、一六世紀の貴重な書物が助け出されたというような話も聞くことがあります。おそらくこういう出来事はいつの時代にも繰り返されてきて、その時代には価値が認められず、後年になって「どうして保存しておいてくれなかったのか」という悔しがる専門家が出てくるというのは、ある程度やむを得ないことなのでしょう。書き手の方も「この本の真の価値は一〇〇年後にならないとわからない」などと思って書いてはいませんし、そもそもそういう本は出版される機会もないでしょう。

そう考えてみると、一冊の本が自分の手もとにやって来るというのは、実に不思議なことに思えてきます。それはある種の「出会い」と言ってもよいものではないでしょうか。新刊本なら書店に行ってお金を払って買い、家に帰るまで待ちきれず、帰りの電車の中でそっと袋から取り出して読み始めることもありますし、古書ならネットや目録などでめぼしいものを見つけて注文を入れて購入し、手もとに到着する日を心待ちにします。最近はありがたいことに「著者謹呈」でご恵送いただく機会もあり、それがまた思いがけない読書経験となったりします。

このようにして、何かのはずみに僕ではない誰かの手に行っていてもおかしくないような一冊が、今、自分の手もとにある。あるいは本当は僕のもとに来ていたかもしれない一冊が、誰かの書棚に収まっている。そんなことを思い巡らしながら自分の書棚を眺めていると、今ここに並んでいるのは「出会うべくして出会った本たち」と思えてくるのです。

牧師であった父の書棚から譲り受けたもの、一冊一冊コツコツと買い集めたシリーズものや全集、著作集もあれば、古書店の目録で見つけて速攻で電話を掛けて注文した掘り出しものの一冊もあります。また後にも触れるエピソードですが、引退する先生から段ボール箱ごと蔵書をいただいたり、旅先でふらりと入った古書店で思いがけない出会いがあって、その場で買ったりした本もあります。

そうした本との出会いがどのように起こってきたのか。そしてそれらの本をどのように読み、それによって自分がどのように教えられ、影響を受けきたのかを、これから書いてみたいと思います。まだ自分の人生を振り返る歳でなく、旅の途上を歩み続けている者ですが、もしも僕がどんな本と出会い、どんな本を読んできたかという、まったく個人的な記録に関心を持ってくださる方がおられて、気軽な気持ちで読んでくださったら嬉しいことですし、読み終えて、今度はあなたが出会うべくして出会った本との出会いを思い起こしてくださると、なお嬉しく思います。

目次

第六章　この間に出会ってきた本たち　137

第一章　どのように本を読んでいるか、どのように本を読んできたか

第一節　僕はどのように本を入手しているか

①本の探し方と選び方

「どんな本を読んできたか」という話に入る前に、「どのように本を読んでいるか」、「どのように本を読んできたか」というところから話を始めてみたいと思います。しかしその また前段階として「どのように本を探し、どのように本を選び、入手しているか」というプロセスがあります。

まず本の情報を収集するためのアンテナを立てることが重要です。キリスト教書籍取次会社の日本キリスト教書販売株式会社（日キ販）から定期的に出される新刊情報、書評誌『本のひろば』や、教文館のサイトに掲載される近刊情報、各出版社のサイトの出版ニュースなどをこまめにチェックして、どういう本がこれから出てくるかを確認します。また幾人かの知り合いの編集者の方から「いま、どんな本を準備しているのか」といった生の情報を仕入れます。あるいは出会う先生方に「最近、何か書かれていますか？」、「出版のご予定はありますか？」と聞いたりもします。さらに図々しく「こういう本を出してください」、「こういう本を書いてください」とリクエストすることもあります。

こうしてアンテナを立てていると、いつのまにか情報が集まってくるようになります。そのようにして集まってきたリストの中から、「これは絶対手に入れる」、「これは大いに興味あり」、「これは書店か図書館で現物をチェックしてから」、「これはちょっと気になるけど、一端保留」、「これは残念ながらスルー」というように一応の仕分けをします。

科研費や研究費が潤沢な研究者であれば、必要な資料を集められる限り集める、ということができるのかもしれませんが、僕たちの場合はそういきません。リストの中から自分の関心テーマに関わるもの、その周辺の事情に関係するもの、取り組んでいる説教箇所と関わりのあるもの、今の時代のキリスト者として知っておかなければならないもの、ちょっと興味関心をかきたてられるものなどの優先順位を付け、あとはお財布と相談しながら、実際に手に入れていくプロセスに進むわけです。

教会で研究費を付けてくださることもあれば、自分で捻出することもあるでしょう。とにかく限られた資本で最大限の効果を得るにはどうしたらよいか。これは牧師として自立した学びの環境を整えていく上で、絶えず考え続けることだと思います。

かつて読んだ、「猫ビル」とその蔵書量で有名だったジャーナリストの立花隆さんの『ぼくはこんな本を読んできた』（文藝春秋、一九九五年）の中で、「本を買いに行くときは懐をなるべく暖かくして行け」というような一文がありました。本を買うのにケチるな、ということでしょう。

ちょっと特殊な例だと思いますが、神学生時代にお世話になったある牧師は書斎と別に書庫を備えておられ、整然と並べられた蔵書の眺めは実に壮観でした。「先生はどのように本を買われるのですか？」と尋ねると、ほんの一言「ジャンル買いだね」とお答えになりました。何か一つのテーマについて考え調べようと思ったら、著者とかシリーズとかでなく、「ジャンルで買う」と聞いて驚いたものです。

ある日曜日、教会に着くと事務室のデスクの上に「国際カルヴァン学会」(International Congress on Calvin Reserch) が母体となってスイスの出版社「Droz」から刊行中の、『カルヴァン全集』(Ioannis Calvini Opera Omnia) の最新刊の一冊が、教文館の洋書部から届いていました。本に請求書が挟まっていて、そこに金額が書いてあるのがつい見えてしまったのですが、一冊の値段とは思えない数字を見て驚いたことを覚えています。「歴史神学は語学力も必要だが、資本力も必要だ」と誰かから聞いた覚えがありますが、確かにそうだと思いました。

普通の牧師の場合は本を買う予算も、並べるスペースも、それを読む時間にも制約がありますから、自ずとある程度の絞り込みが必要になります。また神学書だけでなく、人文書や哲学書、評論や思想書を読んだり、好きな作家の小説を読んだりすることも人間理解の上では欠かせません。そういったいくつかのジャンルも混ぜ合わせながら、さらに優先順位を付けていざ購入ということになるわけです。

②古書店を活用する

本を購入するのは新刊本に限りません。むしろ神学関係でいえば絶版になっているものが多いので、自ずと古書店に頼ることになります。お茶の水の友愛書房をはじめ、キリスト教専門古書店がどんどん閉じていく中、今はもっぱら古書サイトのお世話になることが多いのですが、それなりに経験を積んでくると、「この本だったら、おおよそこれくらい」という大体の相場のようなものが分かってきます。そうなると「これは高いなあ」とか「まあまあ標準的」とか自分なりの判断ができ、「お、底値だな」と思えば、それに注文を入れることになります。全集などでも全巻揃いのセットで出ている価格と、何巻か抜けている場合とでは値付けがまったく違うので、たとえば不揃いのセットと、それに欠けている巻を単品で探して足し算するとどうなるか、などいろいろとシミュレーションを重ねるわけです。

そうはいっても、「はじめに」に記したように、本は出会いですから、この出会いを逃したら次にいつ会えるという保証はありません。となれば、「これは！」と感じたときは思い切って手に入れるという決断が必要です。迷っているうちに誰かに先を越されてしまい、結局その後は手に入らないままという本が何冊かはあるものです。

③「書評」はよいチャンス

大事にしていることに「書評の依頼は断らない」ということがあります。まずは依頼されなければ話になりませんが、何かのきっかけで一度書評を書く機会があると、不思議とその後、あまり途切れることなく依頼が舞い込んでくるものです。そして書評を書くには当然その本を送っていただけるわけで、これがありがたい。しかし当然のことながら、その依頼に応えるだけの文章を書く力を付ける必要があります。その意味では「読み続ける」ために は「書き続ける」必要もある。これもまた日々修練しなければ身に着かないものだと実感します。

僕が最初に書評誌『本のひろば』に書かせていただいたのは、教義学者、芳賀力先生の『思索への小さな旅』（キリスト新聞社、二〇〇四年）でした。芳賀先生と一面識もなかったのですが、このとき、編集者の方が僕に書かせてみようと思ってくださったのです。いわゆる学術誌の書評ではありませんから文字数はさほど多くありませんし、多くの方にこの本の魅力を知っていただくのが役割だと思いますので、何度も読み返し、心に残ったページに付箋を貼り、下書きを繰り返してようやく原稿を送ったことを思い出します。

今にして思うとずいぶん力の入り過ぎた固い文章なのですが、実際にそれが掲載されたあと、芳賀先生からご丁寧な御礼のハガキをいただき、感激しました。そして一番最近に書いた書評が、芳賀先生の教養学シリーズの最後となる『神学の小径V 成就への問い』（キリスト新聞社、二〇二三年）でした。このときは編集者の方を通してお願いして、本にサインをしていただいたのですが、これも貴重な思い出となりました。

お引き受けしてから現物を見て後悔し、でも取り組んでみて「やってよかった！」と思えたのが、ジェームス・G・ダンの『使徒パウロの神学』浅野淳博訳（教文館、二〇一九年）でした。最初、『説教黙想アレテイア』（日本キリスト教団出版局）の編集部から依頼を受けたときは、「自分は門外漢なので……」とやんわりお断りしかけたのですが、「訳者の浅野先生が、説教者に読んで評して欲しいと言っている」と返され、それならば引き受けざるを得ないと思って取り組むことになりました。

現物が届いてみると、その分厚さ（九七四頁）に圧倒されてしまい、「やっぱり断るべきだったか」と一瞬思ったのですが、ちょうどこの頃、礼拝でローマ書の講解説教に取り組んでいた時期でもあり、注解書を読むようなつもりで読み進めました。結果的にこの本は最初から終わりまで、本文から注、訳注まで文字通り「精読」して大いに勉強させられた忘れられない一冊でもあります。

第二節　僕はどのように読んでいるか

①本を手に取る

さて、こうして本が手もとにやって来ます。僕は「モノ」としての本も好きなので、すぐに開いて読み始めるというよりは、まずは手に持って表紙を眺め、裏表紙を眺め、帯の文章を読み、本の造りを一通り確かめるという作業を楽しみます。手にしてみないと分からない「読みやすさ」、「読みにくさ」というものがあって、これはまったく僕の持論（しかも根拠のない）ですが、手に取って「読みやすい」と思える本は、実際に読んでも期待に違わず読みやすく、「読みにくい」と感じた本は、実際に内容も「いま一つ」ということになる確率がかなり高く感じます。不思議なものですが、本当にそうなのです。

本には「著者」がいるのは当然ですが、それればかりでなく「編集者」の方がいて、出版社のさまざまな働きを担う方がいて、装丁家やデザイナー、印刷所や製本屋さんがいて、取次の方がいて、配送の方がいて、書店の方がいて……。そういう方々の御労があってこその「本」だと思うのです。ですから読む側にも「本」に対するそれなりのリスペクト、それは「本」そのもののみならず、こうしてこの手の上にやって来るまでのプロセスに関わったすべての方々に対するリスペクトが必要だとも感じるのです。

②「目次」を読む

一通りの自分なりの儀礼を済ませてから表紙を開き、扉頁から一枚一枚頁をめくるのですが、これはきっと同じことをする方が多いだろうと思うのが、「目次を読む」ということです。特に神学書の場合は、まずじっくりと目次を読みます。どんな順序、どんな章立て、さらに章の下にどんな節などの下部構造があるか。その全体像をよく観察するのです。

僕は神学校で「信条学」という授業を担当してきましたが、その際に学生の皆さんにいつも言うのは、「信仰告白文書を読むときは、いきなり本文に入る前に、まず目次と配列をよく見ましょう」ということでした。

宗教改革者たちの多くは「人文主義者」としての教育を受けていました。その影響もあってか、例えばジュネーヴの改革者ジャン・カルヴァンはその主著『キリスト教綱要』（初版一五三六年、最終版一五五九年）の執筆にあたって「教えの順序」というものを重んじましたし、ツウィングリの後を受け継いだチューリヒの改革者ハインリヒ・ブリンガーによる『第二スイス信仰告白』（一五六六年）は、全体で三〇章からなる大部な文書ですが、そこには「正統的信仰の告白と、簡潔な説明」(Confessio et expositio simplex orthodoxae fidei)」という題が付けられ、「簡潔さ」が重んじられています。「これだけ長い文章を書いておきながら、よくも〝簡潔な説明〟なんて題をつけられるな」などと思ったりもしますが、ともかくこうしたことを考えると、信仰告白にしても信仰問答にしても、その配列に相当の神学思想が反映されていることがわかります。「何を」教えるかとともに「どういう順序で」、「どれくらいの内容で」教えるかを重んじたのです。

そう考えてみると、「目次」をじっと眺めるだけでも、相当の情報が読み取れることが分かるでしょう。著者がどういう意図と目的、また思想をもってこの本を書き進めようとしているか、どのような順序でそれを読者に分かりやすく提供しようとしているか、そしてこの本の結論の先に、次はどのような構想を描いているだろうか、そのようなことが浮き彫りにされてくるのです。

逆に言うと、目次を見てもそのような情報が読み取れない場合は、著者自身の考えが十分に煮詰められていない可能性もありますし、「分かる人に分かれば良い」的な、読者に対するサービス精神が欠けているか、とりあえず未発表の論文類を一度まとめておこうという実際上の理由によるか、などということが予想できます。

先ほどの「手に取って分かる」本の良さと相通じるところがあり、しかも精度はそれよりもグッと上がることですが、目次の配列が美しい本は、すでにそこに現れる著者の思想があり、内容も読み応えあるものが多く、目次の配列が雑然と見える本は、その逆と言うことが多いようです。

この点でいくと、やはり目次の配列の美しさで群を抜いているのはカール・バルトでしょう。『教義学要綱』井上良雄訳（新教出版社、一九五一年）にしても、『福音主義神学入門』加藤常昭訳（同、一九六二年）にしても、そしてあの『教会教義学（全三六巻）』（新教出版社、一九五九―一九九五年）にしても、そこに一つの世界が作られているようにさえ思えます。

また個人的な感性からすると、先ほどお名前を出した芳賀力先生の本も、目次を見て唸らされることが多いものです。先生のハイデルベルク大学に提出された博士論文にもとづく『歴史、自然、そして神義論――カール・バルトを巡って』（日本基督教団出版局、一九九一年）のような学術書から、ラジオで話された講話に基づく『大いなる物語の始まり』（教文館、二〇〇一年）、そして先生の教義学の集大成である『神学の小径Ⅰ　啓示への問い』（キリスト新聞社、二〇〇九年）から最終刊の『神学の小径Ⅴ　成就への問い』（同、二〇二三年）など、全巻通しての構想がいかに確乎たる神学思想に基づいているか、またそれを「物語る」という手法で表現する方法論が確立しているかが表れており、その強靭な神学的思索力と優れた文学的表現力には驚かされるばかりです。

③「まえがき」と「あとがき」

これは皆さんの中でも意見が分かれるところかもしれませんが、僕が次に読むのは「まえがき」と「あとがき」です。中にはどちらかしかない本や、どちらもない本もありますが、それは僕にとってはものすごくさびしい思いにさせられるものです。

「まえがき」を読むと、著者がどんな思いでこの本の世界に読者を招き入れようとしているか、あるいは著者がどんな思い入れをもってこの本を書いたか、そして読者に何を伝えたいかというメッセージが発信されていて、読む側も心躍るものを感じるとともに、「よし、読むぞ！」とスイッチも入ります。さらにこの本と向き合う姿勢、たとえばこれはソファに横になって読んでいい本か、それともちゃんと椅子に座り、机に広げて読む本か、通勤・通学の電車に揺られながら読む本か、就寝前の時間を取り分けて読む本か、ブックレポートのためにひとまず斜め読みのようにして読んでしまってよい本か、付箋やメモを赤ペン、マーカーなどを傍らに集中して読む本か等々が整ってくるように思います。ときには横になって読み始めた本が、読み進めていくうちに、気づくと知らぬ間に正座していたというような経験もあります。

「あとがき」を読むと、いっそう感慨深いものを感じます。一冊の本を書き終えたという著者の満足感というか達成感というか、そういう心持ちが伝わってきます。また本文の中では抑制されていた、この一冊の本に込めた熱い思いやそのきっかけ、執筆中の苦労やその他の思いがけないエピソードなどが明かされて、その著者の人柄に触れるような思いになるからです。

僕は大変厚かましい性格なので、あとがきを読んで感激し、なんとか著者に会いたいと手紙を書き、ついには図々しくご自宅にまで会いに行ったなどということもあります（申し訳ありません）。とにかく「あとがき」を読むと、その書き手に会いたくなる。これもまた本の持つ「出会いの力」だと思います。

そういう意味では、「あとがき」は本当に全部書き終えてから書いて欲しいと思います。おそらく多くの著者はそうされていると思いますが、念のため、ここまで思い入れをもって「あとがき」を読んでいる読者がいるのだということをアピールしておきたいと思います。

④「注」と「参考文献表」と「索引」は大事

「目次」、「まえがき」、「あとがき」を読んで、いよいよ本文へ、と言いたいところですが、ここでもう一つしておきたいことがあります。それは特に専門書の類いの場合ですが、

「きちんとした注が付いているか」、「それは横書きの本なら脚注、縦書きの本なら傍注か、それともすべて巻末注か」、「参考文献表が載っているか」、「巻末に索引がついているか」、「人名索引・事項索引になっているか」ということです。学術書や論文を書かれる学者や研究者の方々であれば当然の作法かもしれませんが、僕たちのような一般読者でも、専門書を読むときにやはり、しっかりした注があるかないかは大きなポイントになります。しかも巻末注の場合、栞や指などを挟んで、読み進めているページと巻末注のページを行ったり来たりするのは、案外、読書の流れを分断するものです。できれば脚注や傍注であってくれるとありがたいなというのが正直な思いです。

巻末に参考文献表があると大変助かりますし、中には著者が親切にそれぞれの文献についての短い解題を付けてくれるものもありますが、こういうものはとても参考になります。加えて索引が充実しているかも大切なところです。人名索引、語句索引などがあると使い勝手がよいということが多くあります。本は目次に沿って前から読むばかりでなく、逆引き的に読むような読み方もあります。この本の中で、誰が何を何回言ったのかを調べたいというようなとき、索引があることは大きな助けになるものです。

このように専門書、学術書の類いは、それを手引きにしてさらなる学びに私たち読者を導いてくれるという大事な役割があると思います。充実した注の有無や参考文献表はその叙述の客観的証拠を示すためだけでなく、そこで展開されている理論の出どころ、そこで引用されている文献の情報によって私たち読者が次に何を読めばよいかを導いてくれる大事な導線であり、索引はそれを助けてくれます。こうしてその導線を辿りながら少しずつ学びを深めていける、そんな本に出会えるのはまことにありがたいことだと思います。

⑤僕の読書パターン

以上のようなプロセスを経てようやく本編に入って行くことになりますが、実際に一冊の本を読み進めるにあたっては、その読書の目的や本の内容によっていくつかのパターンがあるように思います。僕の場合には大まかに次の六つぐらいのパターンに当てはまりそうです。①「精読型」、②「通読型」、③「併読型」、④「スポット型」、⑤「斜め読み型」、⑥「途中断念型」。これらは読み始める前から「このパターンで行こう」と決めていくものもあれば、読み進めるうちに他のパターンに変化したり、あるいは結果的にあるパターンに落ち着いたりと、かなり変動的（というか、いいかげん）なものです。

まず「精読型」ですが、これは最初からそのつもりで読む本です。その書物自体が研究の対象になる場合、あるテーマについて学び、調べる際に必ず読まなければならない場合、説教の下準備をしたり、講演をしたり、少しまとまった論文風の文章を書く場合など、とにかくきちんと隅々まで読むことが求められる本があり、その場合は時間を掛けて精読することになります。

皆さんそれぞれの流儀があると思いますが、僕の場合は何色かの付箋とメモ用紙とペンを用意して、読み進めながら、大切なことばや表現、重要な概念、論旨を進めていく上で著者が「第一に」、「第二に」と展開するときの段落、またとりあえずあまりよく分からなかったことばや段落、あとでじっくり読み返しておきたいところなどに、簡単な色分けをした付箋をどんどん貼っていきます。

また重要な引用や参考文献が挙げられれば、それも脚注などでチェックしておきます。ひと通り最初から終わりまで読み終えたところで、あらためて最初からもう一度、今度は付箋を貼ったところを気にしながら再読し、そこでの気づきや意味、情報をメモしていきます。ここまで隅々まで読む本というのは、それほど出会うものではありませんが、やはりそういう本はその後も折に触れて手にすることが多く、また頭と心の中に残り続けているものです。

次に「通読型」ですが、これは精読ほどの時間と手間は掛けないけれど、とにかく始めから終わりまで読み通す本です。最初からそのつもりで読み始めるものもあれば、読み始めてから止まらなくなって、結局終わりまで通読した、というものもあります。ちなみによく訊かれる質問の一つに「いつ読んでいるのか」というものがありますが、精読は机に向かっていることが多いのに対し、通読は長距離の移動や旅先で、あるいは夜寝る前の一時間ほど、ということが多いように思います。新幹線や飛行機での移動が多かった頃は、二〜三冊程カバンに入れておけば往復で読み終えるという感じでした。ちなみにいわゆる「速読法」のような本は読んだことがありませんし、あまり興味もありません。自分がそれほど本を読むのが速いとも思いませんが、頭が冴えているときに読む本、集中しているときに一気読みする本、疲れたときにクールダウンする本など、そのときの体調に合わせて本を選んでいることもあります。

「通読型」のオプションの一つに「併読型」があります。何冊かの本を同時進行で読む、というものです。もちろん同時には読めないので、朝はこちら、夜はこちら、今日はこちら、明日はこちら、行きはこちら、帰りはこちら、今週はこちら、来週はこちらと行き来しながら併読するわけです。これもその読書の目的によりますが、勉強のためなら同じジャンルで読むべき本を併読することになりますし、近づいている説教や講演が複数ある場合は、それぞれのテーマに関するものを併読することになります。

人文書や評論、小説などはもう少し自由度が上がり、勉強や準備のための本と掛け合わせて併読することもあれば、昼間は堅めの本、夜は小説やエッセイというように読み進めることもあります。この場合も四冊も五冊も同時に読むのはさすがに無理なので、だいたい二、三冊を併読することが多いと思います。

次の「スポット型」は、「読書法」ということからすると少し邪道かもしれませんが、主に勉強や講演、執筆の準備の中で、この本の「ここは！」という部分に集中して読みます。その場合はだいたいたい他の本で引用されていたり参考文献として挙げられたりしている箇所で、すでにおおよそのあたりはついているので、その確認のためというのが主な目的となります。ここでありがたいのが「図書館」の存在です。なにせ何冊かの分厚い本の中の数ページを読んで確認したいわけですから、図書館に行ってリストした本を調べていくのが一番効率的です。しかし牧師の場合はそういう環境がいつも近くにあるわけではないので、いろいろなつてを辿って、デジタル化されていないか、誰か知り合いが持っていないか、図書館のリファレンスサービスを活用できないかと試した上で、最終的に他の手段がなければ買うしかない。そうすると「スポット型」のつもりで入手した本でも、「買った以上は……」ということで、結局通読することになる場合が多くあります。

「斜め読み型」は、最初からそのつもりで読む本です。それほど大きな関心があるわけではないが、一応基本的なことは知っておく必要があると思われるジャンルやテーマについて手っ取り早く読める本、あるいは何か新しいテーマに取り組むにあたっての準備の最初に、そのテーマの歴史や主な論点の概要をつかめる本を読みます。この場合の多くは新書や、シリーズ物、「〜入門」、「はじめての〜」、「〜概論」のようなタイトルのものが多くなります。前半の目的であれば「斜め読み」は一日か二日でできますが、後半の場合はやはり「斜め読み」しているうちに気づくと「通読」になっていることもあります。

そして最後が「途中断念型」。ある人は「本というのは一冊のうちに一、二行読むべきものがあれば、あとは読まなくてもよい」などと断言したりしますが、コストを掛けたことを思うとその分のリターンは得たいと思うのが自然でしょう。しかし実際に読み始めてみて「これは無理だ」と諦める本があるのも事実です。その理由は考えればいろいろと挙げられるのでしょうが、一言で言えば「相性が悪かった」ということです。それは構成であったり、論旨の進め方であったり、ほしい情報がなかったり、本のタイトルで予想していたものと内容が違っていたりと、要するにその本や著者のせいではなく、下調べが不十分だったり、あまり深く考えずに注文してしまった自分の責任である場合がほとんどです。

第三節　僕はどのように読んできたか

①本は「ここに存在している」ということに意味がある

教会に住んでいた頃は牧師室、大学に働きが移ってからは執務室と研究室に本を置いていましたが、神学生や若い牧師たちが遊びに来て、書棚を見てほぼ一〇〇％口にするのがこのことばです。

「先生、この本、全部読んだんですか？」

それに対する僕の答えは、皆さんも聞いたことがあるかと思いますが「その質問がもっとも愚かな質問である」という、誰かがそう答えたと聞き覚えのあることばです。要するに「そんなわけないでしょ！」ということなのですが、それに付け足すのが、これも誰かからの受け売りのことばです。

「本というのは、ここに存在していることに意味があるのだ！」

どちらも偉そうに言えるようなことばではないのですが、なるべく偉そうに言う方が効果があるというのが経験上の実感です。

しかし、本を揃えていく必要は、牧師としてスタートした最初の任地での数年間に痛感したことでした。教会の現場でさまざまな問題に直面し、またいろいろな神学的課題についても考えさせられ、問題意識だけは沸々と湧き上がってくるのですが、それらをどう考えてよいのか手引きがない。調べてみたくても図書館がない。結局、自腹で本を買い揃えるしかない。自分で自分なりのライブラリーを整える以外にない、ということを覚悟させられたのです。それは実際に経済的問題と直結しますから、教会の理解や家族の協力がなければ実現しないのですが、なんとかやりくりしながら続けて行くうちに、一通りのジャンルが揃う書架になっていったのです。

そうすると不思議なもので、説教や講演、講義の準備などで少し行き詰まったり、煮詰まったりしてしまったとき、椅子の背もたれによりかかり、ぐるりとひと回りしながら書棚を端から端まで一瞥し、その背表紙を眺めているだけで、何かしらのサインというか信号が送られてくるような感覚があり、それでスイッチが入る、気づきが起こるということがあります。

そんなことがあるので、スペースの問題はあるのですが本棚には本の背表紙が隠れないように、なるべく前後に本を並べない。どうしてもの場合は手前は文庫本などにして後ろの本がすべて見えなくならないようにするなど、細かい努力をしています。

②広く、浅く、バランスよく

また実際の伝道牧会の現場で学び続けようと思うと、自分の書棚が「すべて」ですから、神学を中心にしつつ、その周辺分野も含めて「広く、浅く、バランスよく」本を揃えて読むことを心がけてきました。

神学であれば聖書学部門の研究書や注解書関係、組織神学部門の教義学、倫理学、弁証学関係、歴史神学部門であれば古代、中世、宗教改革期、近代、現代神学に関係するものや各国の教会史、日本キリスト教史関係、実践神学は説教学、牧会学、礼拝学、その他諸々。それに各分野ごとの事典類や辞典類、説教集や信仰書の類いなど大まかなジャンル分けをして書棚に収めています。

牧師は何か一つの専門的知識が求められるスペシャリストというよりも、広く全般的な知識が求められるジェネラリスト的存在なので、神学諸科とその周辺の人文科学系のものは一通り揃え、必要に応じて読むようにしてきました。

そうは言いつつも、その中でも特に自分の関心のある分野、あるいは学び続けているテーマがあれば、それらの分量は特に多くなります。僕の場合はもともと教会論やドイツ告白教会闘争が大きなテーマであったのと、神学校で信条学と説教学、また一時、信徒の方々対象の講座で組織神学を担当していたことがあったので、それらの分野の本についてはできるだけ入手するように心がけてきました。

特に信条学の場合はどうしても原典テキストが必要になるので、一八世紀や一九世紀の古い信条集をドイツやスイスの古書店からオンラインで取り寄せたりすることもありました。その点では辞書はとても重要で、英語、ドイツ語、オランダ語、ラテン語などの辞書を一応揃えて、せめて単語の意味ぐらいは調べられるように努力しましたが、その後、日本語訳でも優れた信条集がいくつも出てきたので、値は張りますが、そういうものは思い切って手もとに置くよう努力してきました。

③一人の著者の本を読む

その一方で、前項にも記した自分の関心のあるテーマ、学び続けているテーマについては、その道の専門家と言われる先生の本を読み継いでいくということをしてきました。僕の場合は自分の語学力の限界もあるのですべて日本語の書物ですが、この先生の書かれたものは読む、と決めて読み続けてきたものがいくつかあります。それらの理由は追々記していくことになると思いますが、一通り挙げておくことにします。

一人目は宗教改革者カルヴァンのものです。まずは聖書註解ですが、日本語に訳されている『創世記註解（I・II）』渡辺信夫、堀江知己訳（新教出版社、一九八四年、二〇二〇年）、

『詩篇註解（I〜IV）』出村彰訳（同、一九七〇―一九七四年）、最近刊行が始まった全五巻予定の『イザヤ書註解I』堀江知己訳（同、二〇二三年）、『新約聖書註解I　共観福音書』〜『新約聖書註解XIV　ペテロ・ユダ書・ヨハネ書簡』渡辺信夫他訳（同、一九五九―二〇二三年）です。

最初の『ローマ書』が渡辺訳で出たのが一九五九年で、以後いくつかを除いて訳出されたものの、もう完結は難しいのだろうと思っていたところ、若くて優れたラテン語使いであられる堀江知己先生の登場によって『アモス書講義』関川泰寛監修（同、二〇一九年）、『創世記（II）』（同、二〇二〇年）、『テモテ・テトス・フィレモン書』（同、二〇二一年）、『イザヤ書（I）』（同、二〇二三年）が立て続けに翻訳され、さらには『共観福音書（上）』（同、一九八四年）を訳された森川甫先生が、実に三八年ぶりに吉田隆先生との共訳で『共観福音書（下）』（同、二〇二二年）を完成されたのは快挙と言うべきでしょう。

また『キリスト教綱要（一五三六年版）』（久米あつみ訳、教文館、一九八六年）、『キリスト教綱要（一五五九年版）』の渡辺信夫訳の旧版（新教出版社、一九六一―一九六五年）と改訳版（同、二〇〇七―二〇〇九年）、『キリスト教古典叢書　カルヴァン篇』渡辺他訳（同、一九五九年）、『カルヴァン神学論文集』赤木善行訳（同、一九六七年）、『カルヴァン論争文書集』久米あつみ訳（教文館、二〇〇九年）、『カルヴァン小論集』波木居斉二訳（岩波文庫、一九八二年）その他のカルヴァン関係のカテキズムや説教、教会規則、他の重要文書の翻訳などは一通り読んできました。

二人目は先にも触れた渡辺信夫先生のものです。『教会論入門』（新教新書、一九六三年）を皮切りに、カルヴァン伝や綱要の解説をはじめ、渡辺信夫先生の書物は活字になっているもので、宗教改革関係、アジアに関するもの、戦争責任や教会と国家に関わるもの、例えば『戦争責任と戦後責任』（同、一九七一年）、『カルヴァンの教会論』（改革社、一九七七年、のちに増補改訂版、一麦出版社、二〇〇九年）、『教会が教会であるために――教会論再考』（同、一九九二年）、『教会の罪責を担って――現代日本とキリスト者の視点』（同、一九九四年）、『今、教会を考える――教会の本質と罪責の狭間で』（新教出版社、一九九七年）、『神と魂と世界と――宗教改革小史』（白水社、一九八〇年）、『アジア伝道史』（いのちのことば社、一九九六年）、『古代教会の信仰告白』（新教出版社、二〇〇二年）、『プロテスタント教理史』（キリスト新聞社、二〇〇六年）などの専門書、『カルヴァンとともに』（国際日本研究所、一九七三年）や『イリアン・ジャヤへの道』（新地書房、一九八七年）などのエッセイ、紀行文など、ほぼすべて読んだと思います。それ以外にも先生が生前に東京告白教会のホームページに掲載されていた各地での講演、また実際にさまざまな勉強会で販売されたパンフレット類も相当集めて読みました。

『ジュネーヴ教会信仰問答――翻訳・解題・釈義・関連資料』（新地書房、一九八九年、のちに教文館、一九九八年）からはカテキズムの読み方の手ほどきを受けました。また渡辺先生が繰り返し語ってこられた戦争体験の証しを若者のために、と書かれた『戦争で死ぬための日々と平和のために生きる日々』（いのちのことば社、二〇一一年）は、先生から「推薦のことば」を求められて一文を記させていただいた印象深い一冊です。

三人目は加藤常昭先生のものです。これは『説教論』（日本キリスト教団出版局、一九九三年）から始まって旧ヨルダン社から出ていたものの増補新装版である『加藤常昭説教全集（全三七巻）』（教文館、二〇〇四―二〇二一年）にまとめられた説教・講話集、ラジオ放送局FEBCでの講話をもとにした『ハイデルベルク信仰問答講話（上・下）』（教文館、一九九二年）、『加藤常昭信仰講話（全七巻）』（一九九九―二〇〇〇年）などの講話集。『文学としての説教』（日本キリスト教団出版局、二〇〇八年）、『説教批判・説教分析』（教文館、二〇〇九年）、『出来事としての言葉・説教』（教文館、二〇一一年）、『説教への道――牧師と信徒のための説教学』（日本キリスト教団出版局、二〇一六年）などの説教論。『慰めのコイノーニア――牧師と信徒が共に学ぶ牧会学』（日本キリスト教団出版局、二〇一二年）、『慰めとしての教会に生きる』（教文館、二〇二三年）などの牧会論、教会形成論。そしてその鎌倉雪ノ下教会における具体的な現れである『雪ノ下カテキズム――鎌倉雪ノ下教会教理・信仰問答』（教文館、二〇一〇年、改訂新版、二〇一〇年)、『鎌倉雪ノ下教会　教会生活の手引き』(同、二〇一五年)。加藤先生の実践を説いておられる『自伝的説教論』(キリスト新聞社、二〇〇四年)、『自伝的伝道論』(キリスト新聞社、二〇一七年)、聖書日課の『み言葉の放つ光に生かされ──一日一章』(日本キリスト教団出版局、二〇〇〇年)、祈りの教えや祈禱集として『祈りへの道』(教文館、二〇一三年)『祈り』(日本キリスト教団出版局、二〇〇二年)、『祈禱集　教会に生きる祈り』(教文館、一九九五年)『み前にそそぐ祈り──頑なな心を、あなたの愛が溶かしてください』(キリスト新聞社、二〇〇八年)など、ここには挙げきれないほどの「実践神学」の実践とも言うべき、多岐にわたる著書を著されました。これらの書物を通して、どれほど教えられたことかと思います。

また加藤先生の手がけられた翻訳書もトゥルンアイゼンの『牧会学(I・II)』(日本キリスト教団出版局、一九六一年、一九七〇年)、ボーレンの『説教学(I・II)』(同、一九七七年、一九七八年)、クリスチャン・メラーの著作や編集した『魂への配慮の歴史(全一二巻)』(同、二〇〇〇―二〇〇六年)、『説教黙想集成(全三巻)』(教文館、二〇〇八年)、その他、手に入るものはほぼ集めて読んできました。

個人的に加藤先生の著書で印象深い本を二冊挙げます。一冊は『愛の手紙・説教──今改めて説教を問う』(教文館、二〇〇〇年)です。何度も読み返した一冊です。二冊目は、教文館の会議室で二日間にわたって加藤先生を囲み、平野克己先生、井ノ川勝先生、森島豊先生と私でさまざまに語り合った、平野克己編『聞き書き　加藤常昭――説教・伝道・戦後をめぐって』（同、二〇一八年）です。親しい語らいの中で加藤先生のお人柄に触れた貴重な経験です。

四人目は宮田光雄先生のものです。最初のきっかけは『十字架とハーケンクロイツ』（新教出版社、二〇〇〇年）を読んだことですが、それから『宗教と政治倫理――現代プロテスタンティズム研究』（岩波書店、一九七五年）、『ナチ・ドイツの精神構造』（同、一九九一年）などの専門書、特に岩波書店、新教出版社、創文社などから出ているものを読みすすめ、その他の専門書類、単行本、新書、ブックレット類、説教や黙想類、教育論や社会評論などを読み、『〈聖書の信仰〉宮田光雄集（全七巻）』（岩波書店、一九九六年）や『宮田光雄思想史論集（全八巻）』（創文社、二〇〇六―二〇一七年）などを読んでいきました。

『権威と服従――近代日本におけるローマ書一三章』（新教出版社、二〇〇三年）や、それをさらに包括的に研究された『国家と宗教――ローマ書十三章解釈史＝影響史の研究』（岩波書店、二〇一〇年）、『カール・バルト――神の愉快なパルチザン』（岩波現代全書、二〇一五年）、『ボンヘッファー――反ナチ抵抗社の生涯と思想』（二〇一九年、岩波現代文庫）などは特に印象深いものです。

五人目は近藤勝彦先生のものです。先生の書物で最初に手にした『歴史の神学の行方』（教文館、一九九三年）を始めとして、『現代神学との対話』（ヨルダン社、一九八五年）、『信徒のための神学入門』（教文館、一九九四年）など多くの論文集や味わい深い説教集、また先生のご専門の『トレルチ研究（上・下）』（同、一九九六年）や『デモクラシーの神学思想――自由の伝統とプロテスタンティズム』（同、二〇〇〇年）、『伝道の神学――二一世紀キリスト教伝道のために』（同、二〇〇二年）、『組織神学の根本問題』三部作の『啓示と三位一体』（同、二〇〇七年）、『贖罪論とその周辺』（同、二〇一四年）、『救済史と終末論』（同、二〇一六年）、さらに『キリスト教倫理学』（同、二〇〇九年）、『キリスト教弁証学』（同、二〇一六年）、そして『キリスト教教義学（上・下）』（いずれも教文館、二〇二一年、二〇二二年）からは多くのことを教えられました。

近藤先生の著書で印象深いのは、『二十世紀の主要な神学者たち――私は彼らからどのように学び、何を批判しているか』（教文館、二〇一一年）、そして『私の神学六十年』（同、二〇二三年）です。著名な現代神学者たちを次々に捌いて行くその手際の良さと切れ味の鋭さは先生ならではのものと思いますし、また先生の救いから献身、留学、神学教育に携わってこられた生涯と、そこでの関心事、また具体的なアドバイスは「神学すること」のよい教科書とも言えるでしょう。

六人目は芳賀力先生のものです。最初に読んだのは『物語る教会の神学』（教文館、一九九七年）で、これを皮切りに、大部で難解だった『自然、歴史、そして神義論――カール・バルトを巡って』（日本キリスト教団出版局、一九九一年）、『救済の物語』（同、一九九七年）、『大いなる物語の始まり』（教文館、二〇〇一年）や『使徒的共同体――美徳なき時代に』（同、二〇〇四年）、『歴史と伝承――続・物語る教会の神学』（同、二〇〇八年）などの教義学的著作、『思索への小さな旅』（キリスト新聞社、二〇〇四年）、『落ち穂拾いの旅支度』（同、二〇一四年）などの紀行文、そして芳賀教義学の集大成ともいうべき『神学の小径』の『I　啓示への問い』（同、二〇〇八年）、『II　神への問い』（同、二〇一二年）、『III　創造への問い』（同、二〇一五年）、『IV　救済への問い』（同、二〇一九年）、『V　成就への問い』（同、二〇二三年）などを読んできました。

それとともに、各書にちりばめられている文学、音楽、絵画や芸術作品への造詣の深さにも驚かされるばかりで、またその構成の美しさにも教えられました。

番外編としては、小説家の村上春樹は高校生の頃から読み始め、長編、中編、短編、紀行文、エッセイなどほぼ読んできたと思います。最近は原田マハにハマり、まだ全部とは言えませんが、半分ぐらいは読んできたでしょうか。とにかく一人の著者のものを読もうと決めたら、徹底して読むというのが僕の続けてきた読み方です。

④「芋づる」式読書

二〇一九年だったでしょうか。岩波書店が「岩波新書フェア」で紹介した「芋づる式読書」が話題になりました。今でもサイトからダウンロードできるようですが、最初に五冊の本を選び、それらの本から始まって次に何を読んだかをお芋をかたどった枠の中に書き込んでいき、一枚の表を完成させるというなかなか楽しい取り組みです。

確かに自分自身の読書経験を振り返ってみても、「芋づる式読書」というのは当てはまることばだなと思います。前項で取り上げた「一人の著者の書物を読む」などはまさにその典型で、始まりの一冊からずるずるずるっと一本の長い「つる」が伸び、そこから次々と引き抜けてきたお芋のようなものでしょう。

しかしそれぞれの読書の注や参考文献表から次なる読書に繋がり拡がっていくということも、よく起こるできごとです。先に注や参考文献、索引などが次の本への「導線」だと書きましたが、まさにそれが「つる」の役割です。「著者」に関心がある場合は同じ著者の本を芋づる式に読むわけですが、「主題」や「問題設定」に関心がある場合は、その主題や問題設定の最初の一歩になる入門書から始まって少しずつ読む本のレベルが上がっていったり、最初にその分野では定番と言われるような本格的な書物を頑張って読んでみたりして、その参考文献表を頼りに次の読書に進んで行き、やがて思わぬ発見や展開、新しい著者との出会いに繋がっていくことがあるのです。

⑤「内容」と「文体」と

「僕の読書パターン」の最後に「途中断念型」があると書きました。読み始めたけれど途中で諦めたり、放り出したりしてしまった本たちです。一方で「スポット型」や「斜め読み型」のつもりで読み始めたけれど、途中から「通読型」に変わるような本もありましたが、ともかく「途中断念型」の理由は「一言で言えば相性が悪かった」と少々乱暴な結論でした。

そこでいったい何がその違いを生むのだろうかと、これを機に自分の傾向を振り返ってみました。その結果、二つのポイントに思い至りました。一つのポイントは、先に挙げた構成や論旨の進め方が自分の思考と合わない、ほしい情報が得られない、本のタイトルで予想していたものと違うという、主に「内容」に関するものが多いのですが、もう一つのポイントとして「文体」ということがかなり大きな要素を占めているというものです。

「文体」。その本の叙述のスタイルや様式。人で言ったらその人の話し方、口調のようなもの。それはリズムであったり、テンポであったり、トーンであったり、ちょっとしたことば遣いのクセや、語尾の使い分けであったりするのですが、この「文体」が自分と合わないと、どれほど内容が良さそうな本でも、なかなか読み進められないということに気づいたわけです。

読書というのは不思議なもので、僕の場合は聖書を除いてはほぼ「黙読」、目で追って読んでいるのですが、目で読みつつ、どうやら頭の中では自分の声なのかどうなのか、ともかく朗読している自分がいる。その自分の目で読み、頭の中で朗読している声が合わさって「読書」という行為になっているようです。そしてそのところで「文体」の「合う」、「合わない」が判断されるようで、内容は大事なことを書いているし、きっと読み進めていったらなお分かることがあるのだろうと予想はできても、やっぱり文体が合わないと、どうにも読み進めることができなくなって断念することになるのです。

今は「audible」など朗読サービスがあって僕も愛用しているのですが、この場合も本を持たずに耳で聴いているだけではほとんど頭に入ってこない。手もとに本を開き、その文章を目で追いながら耳で聴くとよく分かる。しかも便利なことに読むスピードを自由に変えられるので、テンポやスピードはある程度調整できる。それでもやはり文体の「合う」、「合わない」はそう簡単に克服できるものではないようで、いろいろと試行錯誤をしていますが、とにかくこうして考えてみると、「一人の著者の本を読む」ことができたというのも、やはり文体の相性が合ったという要素は大きいのだと思います。

こう書いている僕の文章をここまでなんとか辛抱して読んできたけれど、「これ以上は無理だ」と今まさに投げ出そうとしている方がいるかもしれません。その場合はすみません。「相性が悪かった」、「文体が合わなかった」ということにしておいてください。

第二章　少しずつ本と出会っていった一〇代から二〇代前半

第一節　ほぼ本を読まなかった一〇代

さてここからは、自分自身の人生をほぼ一〇年ごとに区切って、その時々の読書経験を綴っていこうと思います。僕はいま五六歳なので、一〇代から五〇代半ばまでという区切りになる予定です。

まずは一〇代です。厳密には生まれてから一九歳までということになりますが、ここでは高校三年生の頃までを上限にしておきます。

①幼い頃の読書体験

幼い頃に母に読んでもらった絵本には思い出に残っているものがいくつかあって、『しょうぼうじどうしゃじぷた』（福音館、一九六六年）や『いちごばたけのちいさなおばあさん』（同、一九七三年）はボロボロになるまで繰り返し読んでもらった記憶がありますし、『エルマーのぼうけん』（同、一九六三年）のシリーズもお気に入りでした。

小学生の頃は、家に『少年少女世界文学全集』のようなシリーズはあって、姉などはそれを端から読んでいたようですが、僕はまったく興味がなく、ほとんど本を読まずに過ごしました。ただし毎日ではなかったと思いますが、夕食の後の家庭礼拝で聖書を一節ずつ輪読することになっており、それのおかげもあってか学校の国語の授業で音読するときは、つっかえずに読むことができて珍しく先生にほめられたのを覚えています。

②中学、高校時代の僅かな読書体験

中学、高校の六年間は、ほとんど本から遠ざかっていた時期でした。部活に打ち込むわけでなく、漫画やゲームに熱中するでもなく、もちろん勉強をしていたわけでもなく、音楽は聴いていましたが、とにかく放課後は悪友たちとつるんではダラダラと過ごし、ああでもないこうでもないとくだらない話を延々と続け、時間を浪費していたのだと思います。

そんな中で思い出す貴重な読書経験は、中学時代に二つ年上の兄の影響で、星新一のショートショートを読んだことでした。なんとも不思議で、ちょっと毒があって、一度読むとクセになる。「ショート・ショート」というだけあって一篇が短いので読みやすい。当時は兄と同じ部屋だったので、兄の書棚から時々抜き出しては読んでいました。また本来は小学生向けなのでしょうが、「おもしろかったな」と覚えているのが、北杜夫さんの『ぼくのおじさん』（旺文社、一九八一年）です。今にして思うと、和田誠さんのイラストのほうが印象深く、「こんなおじさん、いいよなあ」などとあこがれたものです。自分なりにどこかで生きることの窮屈さを感じていたからかもしれません。

高校に入るとますます勉強嫌いに拍車がかかり、悪友たちとの遊びもエスカレートし、本からはどんどん距離ができていきました。高校一年生のときに父が亡くなり、思春期の自分なりの葛藤もあって、本来なら読書をするには相応しい時期だったかも知れませんが、僕の場合は友だちの家にたむろして「ジャンプ」や「サンデー」、「マガジン」を読んだり、「ビーバップハイスクール」や「湘南爆走族」を読んだり、「夕焼けニャンニャン」を見たり、原付バイクを乗り回してみたり、ちょっとエッチな雑誌を覗き見したり、というたわいのない時間が癒しの場であり、慰めのときでもあったのです。

ところがそんな自分が高校二年の頃だったと思いますが、今度は大学生になっていた姉の影響で小説と出会うことになります。当時、姉は東京で学生生活を送っていたので、時たま帰ってくる姉は田舎高校生から見るとずいぶん垢抜けていったと感じていましたが、その姉に「本を読め」と勧められるというか、命じられるというか、最初に読んだのはおそらくヘルマン・ヘッセの『車輪の下』高橋健二訳（新潮文庫、一九五一年）でした。なんとなく境遇が自分と似ているなと思いながら読みましたが、翻訳の古さもあってか、ことば遣いも難しく、当時はあまり心に残る読書とはなりませんでした。

③村上春樹と巡り合う

次に姉が教えてくれたのが村上春樹でした。名前はもちろん、どんな小説を書いているのかもまったく知らない状態でしたが、大学生の姉が「これはおもしろい」というので、それを読めばなんとなく自分も東京の大学生の空気感に触れられるのではないかと勝手な妄想を持ち、少し背伸びをするような気分で、デビュー作の『風の歌を聴け』(講談社、一九七九年)、続く『一九七三年のピンボール』(同、一九八〇年)、そしてこんなに長い本を読んだのは初めてに近い経験となった『羊を巡る冒険(上・下)』(同、一九八二年)のいわゆる「羊三部作」を高校三年の頃までに読んだように思います。

最初の二冊は、後に著者自身も言っているように、これといったストーリーはなく、読んでいても不思議な感覚でした。『羊を巡る冒険』でようやく物語っぽいものになっていきましたが、とにかくこれをきっかけに村上春樹を読むようになって今日に至っています。つまり四〇年近い年月、一人の小説家を読み続けてきたことになります。

なぜ最初の二冊でハマったのか。それが先ほども触れた「文体」でした。何かこれまで読んだことのない新しい「文体」があって、それが僕と相性があったのでした。これもまた後に著者自身が語っていたことですが、「小説を書く」という行為において最も重要なのは「文体」であり、デビュー当時も「新しい文体で何かを表現する」ことを目指していたというのですから、まさに僕はそれにドンピシャで当たったのだと思います。

そしてこれは村上好きの人には分かると思いますが、読み終わるとなぜか腕立て伏せをしたくなったり、シャツにアイロンを掛けたくなったり、サンドウィッチが食べたくなったり、「コーヒーを沸かす」と言うようになったり……。とにかくことばと身体が連動するような感覚を初めて持ったのが村上春樹の小説でした。これが一〇代の一番の読書体験だと言えるものです。

第二節　最初の出会いから、読み始めるまでの二〇代前半

二〇代について書くにあたっては、一八歳の冬から始めなければなりません。前節では中学、高校時代、いかに読書から離れていたか、そして例外的だったのが村上春樹の小説だったと記しましたが、「自伝的読書論」において決定的な出会いとなったのも、実は高校三年生のときのことでした。

①「座右の書」との出会い

先に触れたように、僕は牧師家庭に生まれ育ちました。高校一年の冬に牧師であった父

が膵臓癌で天に召され、翌年から母が教会から招聘されて後任牧師として、若い伝道師とともに奉仕を始め、僕たちの生活も激変しました。そんな中で、一方では悪友たちと過ごしつつその一方では高校一年の父の召される直前に洗礼を受けて、いちおうクリスチャンとして歩み始めていたので、教会の幼なじみたちとギターを弾き始めたり、高校生の集会を始めたり、夏休みになると信州にあるバイブルキャンプ場にボランティアに出かけたりして、それなりに充実した日々でもありました。

そうして次第に将来を考える中で、自分には特別なものは何もないけれど、もし神さまが用いてくださるなら、将来、神さまに仕えたいという思いが与えられるようになりました。四八歳で召された父の伝道者、牧師としての生きざま、死にざまから受けた影響が大きかったのも事実です。

主からの召しを確信し、高校卒業後に神学校に進むことを決め、教会の役員会での面談などの準備が進む中、ある日、伝道師の先生に呼ばれて一冊の本を手渡されました。そしてそのときこんなことばをかけられました。「神学校に入るまでにこの本を読んでおくといい。そして神学校に入ったら、ここに書いてあるようなことを学んできなさい。」

そういって頂戴したのが、渡辺信夫先生の『教会論入門』（新教出版社、一九六三年）でした。後になって渡辺先生とは直接のお交わりをいただくことになるのですが、このときは著者も書名もまったく初めて見るもので、とりあえず「入門」というタイトルと、新書だったことに少々安心しながら、ありがたく受け取って帰りました。これが僕の生涯にわたって大きな影響を与え続けている、言ってみれば「座右の書」との出会いです。

高校卒業間近の春休みの間に一通り読み終えたのですが、率直な感想は「何が書いてあるのか、さっぱりわからない」というものでした。高校三年生の僕には内容やことば遣いが難しいということもあったと思いますが、とにかくここで何が問われているのか、それがわからない。それは要するに自分の中に理解するための基礎や土台、準備がまったくないということの証しでした。しかもその「わからなさ」加減には自分でもびっくりするほどでした。

しかし不思議なもので、「何が書いてあるのかさっぱりわからない。けれどここにはとっても重要なことが書いてあるということはわかった」のです。それで「ここに書いてあることがわかるようになりたい。先生が何を問うておられるのかを理解できるようになりたい」と思いました。今からして思えば、あの瞬間が僕にとっての「神学する始まり」だったと言えるのかも知れません。とにかく「この本に書いてあることが理解できるようになる」ことが自分の目標になりました。

それとともに、あの本の最後のことば、「わたしたちの『教会論入門』のすわって論じておれる部分はここで終わります」という一文がズシリと心に残り、それ以来、これまで何十回と読み返し、その時点で自分はどれくらい理解できるようになっているだろうか、自分は立ち上がることができているだろうかと問われる、そういう意味では「座右」では駄目で、「立ち上がって、歩き出すため」の一書であり、また「神学する」ことの始まりの一書との貴重な出会いとなりました。

②神学校時代の読書

こうして高校卒業後の一九八七年四月、当時、東京国立にあった東京基督教短期大学（現在の東京基督教大学の前身校の一つ）に入学しました。入学に際し、父の残していった蔵書からカルヴァンの綱要や註解書、その他、中身はわからずとも、とりあえず持って行けるだけの本を持って入寮したのと、当時、東京キリスト教学園の理事長を務めていた祖父からの入学祝いに『ハーレイ聖書ハンドブック』（聖書図書刊行会、一九六五年）を貰ったのを覚えています。

始まった神学校生活は、いかに自分が無知であるかを思い知らされ、「こんなことなら中学、高校でもう少し真面目に勉強しておくんだった」と後悔するような毎日でした。最初の頃の「旧約通論」、「新約通論」あたりはとにかく聖書をひたすら読むことでなんとかなった（とも言えず）のですが、だんだん学期が進むに連れて組織神学や歴史神学の授業が始まると、クラスでわからないことばが出てきたら、それを書き留めて休み時間に図書館にいって調べ、教室に戻ると次のクラスが始まり、終わるとまた図書館に行って調べるということの往復がしばらく続きました。

また全寮制の学校でしたので、よく先輩たちの部屋を訪ねて質問したり、本棚を見せてもらったりしていました。するとだいたい先輩たちが共通で持っている本があり、「ああ、こういう本がいずれ必要になるのだな」と見当をつけたりしたものでした。卒業のときに先輩同士のカップルが結婚すると重複している本を置いていってくれたりするので、そういうものを貰ったり、図書館でアルバイトをしていたので、寄贈された本の中で重複しているものや廃棄する本を貰ったりすることもありました。

神学校生活は楽しく、充実もしていましたが、ちょうど一〇代から二〇代になる時期で、いろいろと悩んだりすることもそれなりにあり、そんな時期に出会って読んだのが、止揚学園の福井達雨先生の著書でした。

『僕アホやない人間だ』（柏樹社、一九六九年）、『りんごってウサギや――重い知恵おくれの子ども達とともに』（同、一九七一年）、『アホかて生きているんや』（教文館、一九七二年）、『生命をかつぐって重いなあ』（柏樹社、一九七五年）、『僕たち太陽があたらへん――重い知恵おくれの子供の中で』（同、一九七七年）、『子供に生かされ子供を生きる』（同、一九七八年）、『僕たち心で勝つんや』（同、一九七八年）、『子どもの笑顔を消さないで』（日本基督教団出版局、一九八〇年）、『心のひびきのつたわりを』（柏樹社、一九八二年）、『ほんものとの出会い――この子らとともに生きて』（現代出版、一九八二年）など、図書館に入っている本を次々に借り出しては読み続け、自分の生き方や価値観を揺さぶられることも度々でした。

授業で学ぶ神学とともに、一〇代の終わりから二〇代の始まりにかけての僕にとっては、こうした読書を通して考えさせられたことが、思弁や抽象の世界に逃げず、とにかくリアリティをもって、地に足の付いた営みをすること、信じることと生きることが分かたれない生き方をすることなど、今の自分を形成する上で大きな影響を与えたと思っています。

③はじめて精読した本

当時の東京基督教短大は、本科三年プラス専攻科の四年間で学ぶことになっていた神学校でしたので、最後の年は卒業論文に取り組むことになります。いろいろとテーマを考えた末に、宗教改革、教会論、そして教会訓練（戒規）の問題に関心があったことから、カルヴァンの教会論の中での教会訓練の位置づけと理解をまとめようと思ったのですが、その準備のために、当時、東北学院大学の教授であられた宗教改革史の専門家、出村彰先生の書物から読み始めることにしました。

出村先生はカルヴァンのみならず、ドイツ語圏スイス宗教改革の専門家でしたので、チューリヒの改革者ツウィングリや再洗礼派についての著書もあり、それらを読んでいくうちに、結局は先生の主著であった『スイス宗教改革史研究』（日本基督教団出版局、一九八三年）をメインに読み進めることになりました。これは僕にとっては初めて正面から取り組む学術書でしたので、中途半端な読み方では理解できないと思い、気合いを入れて一文字一文字、読み進めていきました。

注も多く、その多くはドイツ文献だったり、ラテン語引用だったりするので、すべてを理解することは到底できませんでしたが、チューリヒの改革、ツウィングリと再洗礼派の関係、再洗礼派の成り立ちやその共同体理解、再洗礼派とバーゼルの改革者エコランパディウスの関わり、エコランパティウスの教会観、そしてエコランパディウスとジュネーヴの改革者カルヴァンの関係などを学んでいくうちに、そもそもの論文テーマを修正することになり、最終的には「スイス再洗礼派の教会戒規理解に関する一考察」という、卒業論文と言うよりも、実際は出村先生の本の読書感想文のようなものをまとめて、何とか卒業することができました。

僕にとっては一冊の本を精読できたということが一番の実りとして残った、忘れられない読書経験です。

第三節　伝道者としてスタートして

①ともに読むことの始まり

一九九一年三月に神学校を卒業し、日本同盟基督教団の補教師に准允され、最初の任地である岡山の西大寺キリスト教会に遣わされました。この教会はB・F・バックストン、パゼット・ウィルクスら「松江バンド」を源流とするきよめ派の伝統で、僕の祖父の信仰のルーツでもある今日の日本伝道隊や日本イエス・キリスト教団から、教理上の理解の相違を理由に離脱し、単立教会として歩み、その後、日本同盟基督教団に加わった直後の教会で、主任牧師の赤江弘之先生のもと単立でありつつも、教会の信仰や教会政治においては長老主義的な考えを尊重し、複数の伝道所、教会附属の幼児園、スカウト活動など、多彩な働きをしつつ、しかし個人伝道をベースに宣教活動を進め、毎週の礼拝に一五〇名ほどが集う教会でした。

ここで伝道者としてのスタートを切れたのは、まことに幸いなことであったと思います。最初の二年間は親教会で赤江先生の指導を受けつつ、主に青年や中高生、子どもたちの働きを担当し、三年目からは結婚とともに、伝道所の一つであった「東岡山伝道所」に遣わされ、三年かけて同伝道所の独立までを見届けて、再度、西大寺に戻って一年間を過ごすという、計六年の岡山生活でした。

この時期、教会政治のこと、礼拝のこと、教会教育のことなど教会の実践からその根拠となる学びに遡るという仕方での読書が続きました。と言っても日中は教会や幼児園の働きが目白押しでしたので、本を読むのは自宅に戻ってから。ページを開いてそのまま寝落ちすることもしばしばでした。

三年目に伝道所担当となってからは朝拝はエフェソ書、夕拝は創世記の講解説教に取り組みはじめ、榊原康夫先生の『エペソ人への手紙（上・下）』（いのちのことば社、一九八九年）や、坂野慧吉先生の『新聖書講解シリーズ旧約1 創世記』（いのちのことば社、一九八八年）、W・ブルッゲマン『現代聖書註解 創世記』向井孝史訳（日本キリスト教団出版局、一九八九年）などから教えられつつ説教を準備しました。

また水曜の祈禱会では辻宣道先生の『教会生活の処方箋』（日本キリスト教団出版局、一九八一年）、R・B・カイパーの『聖書の教会観』山崎順治訳（聖恵授産所出版部、一九七二年）、『神中心の伝道』山崎順治訳（同、一九九一年）、榊原康夫先生の『知恵ある生活――クリスチャン・スチュワードシップ』（小峯書店、一九七七年）、『聖書読解術』（いのちのことば社、一九七〇年）、野田秀先生の『礼拝のこころえ』（同、一九九〇年）など、読書会形式で学びました。これらは個人の読書というより、皆で一冊の本を読み、感想や質問を述べ合うという豊かな時間で、「教会というのはいっしょに本を読む交わり」でもあることを学んだ時期でした。

②問題意識から歴史的思考へ

この時期に集中して読んだのは、カルヴァンとその関連の書物でした。小さな開拓伝道所で奉仕しながら独立教会を目指すという歩みの中で、それまでなんとなく頭の中で考えていた「教会とは何か」、「教会を建て上げるとはどういうことか」という問いが、リアルな問いとして迫ってきたのです。またちょうど一九九五年が阪神淡路大震災やオウム真理教による地下鉄サリン事件、戦後五〇年など重要な出来事や事件が続いた特別な年で、教会の戦争責任が問われ、悔い改めの告白などが各教団教派から出されるような時期でもありました。

僕自身の中にもさまざまな問題意識が生まれ、「これはどういうことなのか？」、「これでいいのか？」、「これはどう考えるべきなのか？」、「このままでいいのか？」といった問いが次々と沸いてくる時期でもありました。そこでジョン・ストットの『地の塩・世の光』有賀寿訳（同、一九八六年）、ロバート・コート、ジョン・ストット『地の深みまで――キリスト教と文化序説』山田耕太訳（同、一九八七年）、『地には平和』油井義昭訳（すぐ書房、一九八八年）や、その頃に始まった出版社「あめんどう」のヘンリー・ナーウェンの『イエスの御名で――聖書的リーダーシップを求めて』後藤敏夫訳（あめんどう、一九九三年）、ハワード・スナイダー『神の国を生きよ』後藤敏夫・小渕春夫訳（同、一九九二年）、ジム・ウォリス『よみがえれ、平和よ！――差別と戦争と貧困の中から』（小中洋太郎監訳、新教出版社、一九九二年）、ロナルド・サイダー『餓えの時代と富むキリスト者――聖書的ライフスタイルの勧め』御立英史訳（聖文舎、一九八九年）など、霊性と社会倫理の関係に関するものをずいぶん読みました。特にナーウェンのものはその後も読み続けてきましたが、自分の信仰のあり方や価値観に大きく影響を与えた書物でした。

さらに阪神淡路大震災が自分にとっては大きな影響を与えた出来事で、『五〇〇〇人の鎮魂歌』（朝日新聞社、一九九五年）、宮本貢編『阪神大震災再現――1995・01・17・05・46』（同、一九九五年）、猪熊弘子編『女たちの阪神大震災』（同、一九九五年）、精神科医の中井久夫先生の『一九九五年一月・神戸「阪神大震災」下の精神科医たち』（みすず書房、一九九五年）、翌年に出た『昨日のごとく――厄災の年の記録』（同、一九九六年）などを読んで、考えさせられることの多い日々でした。

また精神科医の工藤信夫先生と牧師の藤木正三先生の共著『福音は届いていますか――ある牧師と医師の祈り』（ヨルダン社、一九九二年）や工藤先生の『信仰者の自己吟味――神と人、信仰を語る』（いのちのことば社、一九九五年）などを通して、教会やキリスト者、自分自身の中にある偽善性や欺瞞性などを思い知らされ、いつも頭の中がカッカと熱を帯びているような状態が続きましたが、しかしそれをどのように考えていったらよいか手がかりも道筋もわからず、持って行き場のない焦燥感やイライラした感情に支配される日々が続いていたのです。

そんなときに手にしたのが、父の蔵書から譲り受けてきた渡辺信夫先生の『カルヴァンとともに』（国際日本研究所、一九七三年）というエッセイ集でした。特に答えを求めて読んだというわけではないのですが、何かヒントになることばがあるのではないか、そんな期待を持って読み始めたのです。そこでこんなことばに出会いました。

「思えば、若い頃のわたしは、神学を学んでいるつもりでいて、実は神学的意識ないし神学的感覚の先走りと空廻りに終わっていたのではないだろうか。それではいけないということに割合早く気づいて、書物を揃えるようになったものの、カルヴァンと直接関係がないと思われるものの多くは、まともに読んでいなかった。それらを読まざるを得ない機会を半ば強制的に与えられたわけである。今ではわたしは、若い牧師や神学生にむかって、

『神学的意識ばかり先走っても何にもならない。歴史的知識を蓄積せよ。知識が一定量以上に達してはじめて、神学的思考は作動しはじめるのだ』とえらそうなことを言うのだが、自分の若い時はそれだけのことをしていなかったのである。不幸にして、若い時のわたしの身近には、そのような注意を与えてくれる先達もいなかった。わたしは長年かかって、カルヴァンからこれを聞きとったのである」（二九五頁）。

ここで渡辺先生の言う「神学を学んでいるつもりでいて、実は神学的意識ないし神学的感覚の先走りと空廻りに終わっていた」とは、まさに僕のことだと思いました。そして「神学的意識ばかり先走っても何にもならない。歴史的知識を蓄積せよ。知識が一定量以上に達してはじめて、神学的思考は作動しはじめるのだ」とのことばによって、今の自分の状態から抜け出す一筋の光がようやく見えたように思いました。

そこであらためて落ち着いて、基本的なことを一からコツコツ始めようと思ったのです。読む書物も、それまではどちらかというと書店で平積みされるような最新刊に飛びついていましたが、むしろすでに手もとにあるのにきちんと読むことをしてこなかった書物と取り組むようになりました。ここでも斜め読みせず、分かったようなつもりになって先を急がず、一頁、一頁、テキストを精読することを始めたのです。

③「写経」の日々

当時二〇代半ばになろうかという僕にとっての「精読」とは、ズバリ本をまるごと「書き写す」ということでした。いわゆる「写経」です。とはいえさすがに筆と紙でというわけにはいかず、声に出して読みながらひたすら一字一句パソコンに入力していくというものでした。

今となってはずいぶん不器用な学び方をしたものだと思いますが、当時の僕にとっては、凡庸な頭に叩き込むにはこれが一番。他人と比べてもしょうがないので、自分にはこれが一番確実な勉強法なのだと言い聞かせながら、毎日、隙間時間を見つけては「書きつつ読み、読みつつ書く」作業を続けていきました。

まず取り組んだのはカテキズムを読むことでした。フランス語版からの翻訳である外山八郎訳『ジュネーヴ教会信仰問答』(新教出版社、一九六三年)、ラテン語版からの翻訳である渡辺信夫訳『ジュネーヴ教会信仰問答』(新地書房、一九八九年、のちに教文館、一九九八年)、『ハイデルベルク信仰問答』竹森満佐一訳(新教出版社、一九六一年)、『ハイデルベルク信仰問答』吉田隆訳(同、一九九九年)、『ハイデルベルク信仰問答』登家勝也訳(改革社、一九七六年)、そして日本基督改革派教会信条翻訳委員会訳の『ウェストミンスター信仰基準』(新教出版社、一九九四年)所収の「信仰告白」、「大教理問答」、榊原康夫訳の「小教理問答」

を、ひたすら打ち込んでいきました。それが終わると、今度は『キリスト教綱要』の第一篇、第二篇と進んで行きました。

こうした地味で地道な作業を続けて行く中で、凡庸な頭であっても少しずつ必要な歴史的知識が蓄えられ、神学的な物事の見方や考え方が整理されていく手応えを感じ始めていったのです。

④本を買う苦労

結婚した翌年に長男が生まれてから、やはり生活にかかる必要が増え、それに伴って本を買う予算を縮小せざるを得なくなりました。教会も図書費を付けてくださり、妻も家計をやりくりしてできるだけ書籍代を捻出することに協力してくれましたが、それでも自分のアンテナに次々と引っかかってくる気になる本を欲しいままに手に入れることができるわけではなく、いろいろな工夫が必要となりました。

今となってはまことに多大なご迷惑をおかけしたとお詫びをしなければならないのですが、当時、岡山にあったクリスチャン書店のA店長さんには本当にお世話になりました。今のようなネットのない時代ですから、ワゴン車に積んで教会に来てくださるときや、こちらが店舗に出向いたときに、新刊書の情報を教えて貰ったり、お勧めの本を教えて貰ったりしました。その当時、私が本を買うのに熱心だったのを知り、また買う本の傾向もだいたい知っておられたこともあったのでしょう。

「朝岡先生、今度こういう本が出ましたよ。」

「ああ、読みたいですけど、今はちょっとお金が……。」

「とりあえず伝票を切っておきますから、支払いは後でもいいですよ。」

またあるときは値段の張る三巻物の『ギリシア語新約聖書釈義事典』（教文館、一九九三―一九九五年）を手に入れたかったのですが、一巻でさえ一括で買うのが難しかったときに「分割払いでいいですよ」と、こんなやりとりを何度もしてもらい、お店が立て替えてくださっていることにもあまり想像が及ばなかった私は、ずいぶんおことばに甘えて本を買い、夏と冬の特別謝儀でまとめて支払いをするようなことさえありました。

店長として各教会の事情にも通じておられ、「今度、〇〇教会の先生が引退されて、書籍を処分したいと言っていたから、貰いに行くといいですよ」と情報を入れてくれたり、店長は改革派教会の長老さんでもあったので、僕が改革派系の書物を熱心に読んでいるのを知って、教派内で配付されたり、販売されているパンフレット類を取り置いてくれたりもしました。

また当時奉仕していた伝道所の長老さんは元小学校の先生で、ご自宅に立派な書庫を構えておられ、本の大切さをよく知っておられる方でした。よく神学書にも目を通しておられたのですが、あるとき、僕が「渡辺信夫先生の書かれた『神と魂と世界と——宗教改革小史』（白水社、一九八〇年）がなかなか手に入らない」という話をすると、それを覚えていてくださって、誕生日にどこかの古書店から手に入れたものをプレゼントしてくださったり、くだんの『釈義事典』については、正教師按手のお祝いにと第二巻をプレゼントしてくださったり、さらにはその年の誕生日に「先生、あれは二冊だけ持っておいてもしょうがないんじゃろう」といって三巻目もプレゼントしてくださって、これでようやく全三巻が揃ったのでした。

とにかくこうした多くの方々の助けや支えがあって、この時期にも必要な本は手に入り、学びを続けることができました。もうすでに天に召された方々もおられ、思い返すと感謝の思いしかありません。

⑤再び学びの場へ

こうして六年の岡山での奉仕が続く中で、僕の中には次第に「もう一度、神学を学び直したい」という気持ちが強くなっていきました。本はそれなりに揃い、自分なりにそれらを読み進めていましたが、独学の限界を感じることも多々あり、そもそも自分自身の中にのです。

神学的な基盤が弱いこと、体系として神学を学ぶことの必要を覚えるようになっていった

二年の西大寺、三年の東岡山、そして最後の一年の西大寺の計六年の奉仕の中で、若気の至りでいろいろと失敗もしましたし、思い悩むことも増えていきましたが、最大の課題は「教会とは何か」、「教会を建て上げるとはどういうことか」という教会論的な問いであり、またそれと密接に関わった自分自身の「説教」についての限界を感じてもいました。阪神淡路の震災のときには、自分の牧師としての召命を揺さぶられる思いを抱いたこともあり、そうでなくても、二二歳で教会に遣わされてからがむしゃらに突っ走ってきた感じでしたので、一度立ち止まって考え直すことが必要な時期だったのだと思います。

そんな中で漠然と「教会を建て上げる神学を学ぼうと思ったら、カルヴァンの伝統から学ぶほかない」という思いがあり、また「地に足の付いたリアルな学びをするには震災後の神戸に身を置く必要がある」という考えもあって、「神戸改革派神学校」のことを考え始めるようになりました。とはいえ、何のつてもない中で、改革派岡山教会の牧師に相談したところ、とにかく牧田吉和校長に会いに行くとよいとアポイントを取ってくださり、ある学期の開講講演会に出席し、そこで初めて牧田先生の講演を拝聴して大変感激し、その後の休憩時間に牧田先生との面談を許されました。

緊張する僕に牧田先生は、「今日は忙しくて一〇分しか時間がないから、とにかくあなたの考えていることを話してみなさい」と言われ、慌てて自分の説教の課題、教会形成の悩みなどを一気に話しました。その間、牧田先生は腕を組み、目を閉じてじっと僕の話を聞いておられましたが、僕が話し終えるとカッと目を見開き、「それはあなた、ここに来るしかないでしょう」と言い切られたのです。

それを聞いた僕も「そうか、僕はここに来るしかないのだ」と決心し、その年の三月末で教会を辞し、教団に休職を申し出て、一九九七年四月に妻と長男、そして生後半年の長女の四人で神戸にやって来たのでした。二八歳になる直前のことです。

ちなみにそのときの開講講演の内容は、牧田吉和『ドルトレヒト信仰規準研究――歴史的背景とその神学的意義』（一麦出版社、二〇一二年）に収められています。神学講演であれほどの霊的な感動を受けたことは、「神学の真髄」に触れた忘れられない経験となって今も心に残っています。

第三章　たくさん本を集め、読んだ二〇代後半から三〇代前半

第一節　神戸での三年半

①学ぶ喜び

こうして始まった神戸での学びの生活は、六年間必死で走り続けた後だったからかもしれません。乾き切ったスポンジに水がどんどん吸収されるような感覚を覚える、まことに充実したものでした。教授会からは入学に際し、「もう六年も働いてきたのだから、正課生でなく、特別研究生として自分の取りたいクラスだけを履修し、論文を書いて終えてはどうか？」とお勧めもいただきましたが、せっかく許された学びの機会なので、すべて一からやり直したいとお願いし、旧新約聖書の概論やギリシャ語文法、ヘブライ語文法、改革派神学入門などの授業から学び始めました。

今でも覚えているのは、三年三カ月で学ぶカリキュラムの説明を受けた際に、本来、どの神学校にもあるような科目がないのはなぜかと誰かが質問したら、「この学校は責任をもって教えられるものだけしか教えない。しかし現場に出てから、『〇〇については神学校で学びませんでした』と言ってはならない。足りない分は自分で学ぶように」と言われたことです。

ここまで潔い学校だとは思いませんでしたが、それだけ自立した学びが求められていることにかえって奮起し、自分でも驚くほどに学ぶ喜びを味わう日々でした。関心はやはり教義学や説教学にあり、最初に受けた牧田先生の『改革派神学入門』（後に『改革派神学とは何か――改革派信仰入門』聖恵授産所出版部、二〇〇〇年として書籍化）の授業が圧巻で、それ以降、牧田先生の教義学、実践神学から絶大な影響を受けたと自負しています。

また思い出に残るのは、正規の時間割とは別に夕方に持たれていたゼミナールで、私は旧約学の安田吉三郎先生のクラスに出席しましたが、ゲアハルト・フォン・ラートの『旧約聖書神学（I・II）』荒井章三訳（日本キリスト教団出版局、一九八〇年）を安田先生の丁寧な解説を通して学んだことです。それまで福音派の聖書学にしか触れてこなかったこともあり、安田先生の是々非々のコメントに助けられながら、どの立場からも学ぶべきものがあることを教えられたもので、特に申命記における「今」の意味と捕囚期のイスラエルとの関係などを考えさせられるときとなりました。

他にも牧田先生のゼミではオランダの改革派神学者アーノルド・A・ファン・ルーラーの英訳論文集 *Calvinist Trinitarianism and Theocentric Politics: Essays Toward a Public Theology*, By Arnord van Ruler, tr & intro by John Bolt, Edwin Mellen Press を読み進めていて、先輩に誘われて顔を出したものの最初はさっぱり議論についていけず、さすがに途中で諦めようかと思いましたが、論文を読みつつ牧田先生の解説を聞くうちに、これはとても大事なことが扱われているということを知り、最後尾を付いて行くようなかたちで学んだことも思い出されます。そこから派生して、ファン・ルーラーを原典で読むと言う目標で、ある冬休みの毎朝七時からオランダ語入門のクラスが始まり、一通りの文法を学びましたが、残念ながら僕には「ij」の発音の仕方くらいしか残りませんでした。しかし後にここからオランダ留学をする仲間も出たぐらいですので、意味ある学びだったのだと思います。

また、これは数人の学生で牧田先生に頼んでバルトの『教義学要綱』井上良雄訳（新教出版社、一九九三年）をドイツ語の原著を参照しつつ読む、という自主ゼミを行いました。毎回数行ずつぐらいしか進まず、いつの間にか自然消滅してしまいましたが、バルト神学の手ほどきを受け、後は自分で読むということになったのは結果的によかったのかもしれません。

②図書館、書店、古書店

神戸の神学校は震災後に灘区から北区に移転し、私たちはその最初の頃の入学で、新しい校舎での生活でしたが、寮と教室棟が隣接しており、図書館も教室棟の三階にあったことから、とにかくよく図書館に通いました。図書館の一角にカルヴァンを中心とした宗教改革関係の文献だけを集めた部屋があり、そこに籠もってあれこれとカルヴァンに関するものを読んだり、雑誌や紀要類の最新号を読んだり、新刊本を斜め読みしたりとずいぶんお世話になりました。学校全体の雰囲気も家庭的であったせいか、司書室がとても居心地よく、今にして思えばお仕事の邪魔をしていたと思いますが、ふらりと訪ねると司書の方が歓迎してくださり、お茶を頂くこともあったりして、ある意味「保健室」のような役割を果たしていたのかも、と思ったりもします。

学びが進むに連れて、やはり手もとに置いておきたい本も増えてきて、三宮の「神戸キリスト教書店」や古書店に通うことも増えました。またつい先日閉じられた「古書店つのぶえ」さんにはずいぶんお世話になりました。カトリック関係のものや今ではなかなか手に入らない一九六〇年代、七〇年代の聖書学、歴史神学、組織神学、実践神学の定番書籍などを揃えたり、安価で出ていたバルトの著作集を買ったりと、この時期にずいぶんと本の量は増えていきました。

③卒業論文との取り組み

二年生の終わり頃になると、そろそろ卒業論文のテーマを考え始める季節になります。僕の先輩たちの卒論発表を聞くと、聖書学か教義学で書く方が多かったように思います。僕のクラスは実にバラエティに富んでいて、それぞれ自分の取り組みたい分野がほどよくばらけており、互いにどんなことを考えているか、あれやこれやと論じ合うのも楽しい時間でした。

僕は入学のときから、せっかく改革派の神学校に行くのだからカルヴァン関係もしくは改革派の信仰告白文書を扱いたいという思いが漠然とあり、また「教会論」が大きなテーマでもあったので、いくつかの信条の教会論の扱いを比較することなどを考え始めていました。指導教授は校長にお願いしたいと決めていたので、時々、先生の研究室を訪ねてはいろいろと相談していたのですが、まずは古代信条から宗教改革の信仰告白文書までできるだけ資料を集めることから始めることにし、すでに手もとにあるものに加えて、デンツィンガー、シェーンメッツァー『カトリック教会文書資料集』（エンデルレ書店、一九九二年）、古典的な信条集であるH・A・ニーマイヤーの ***Collectio Confessionum in Ecclesiis Reformatis Publicatarum***（Lipsiae,1840）、収録数の多いE・F・K・ミュラーの ***Die Bekenntnisschriften der reformierten Kirche***（Lipzig, 1903）、そしてドイツ告白教会闘争の最中に編まれたW・ニーゼルの ***Bekenntnisschriften und Kirchenordnungen der nach Gottes Wort Reformierten Kirche***（Evangelischer Verlag, 1938）などを、ネットでスイスやドイツの古書店から取り寄せ、あわせて英訳の古典であるフィリップ・シャッフの ***The***

Creeds of Christendom, 3 vols.（repr, by Baker, 1996）、選択眼の効いたA・C・コクレーンの *Reformed Confessions in 16th Century*（Westminster, 1966）、コンパクトながら収録数の多いJ・H・リースの *Creeds of the Churches*, 3rd edition（Westminster/John Knox Press, 1982）なども古書店で見つけては買い揃えていきました。

こうして一通りの資料が揃ったところで、ではどうするか？　僕としては「宗教改革の諸信条における教会論の比較研究」というような感じで、ルター派、改革派の信条をいくつか選んで、教会論の部分を書き出してみるという下準備からスタートしたのですが、論文指導の時間にそれらを持って相談すると、「あまり広げてやるよりも、一つの信条に絞った方がいい。それもあまり誰も手をつけていない文書を取り上げるのがいいだろう。第二スイス信仰告白などはよいかもしれない」というアドバイスを受けました。

実を言うと、そう言われるまで「第二スイス信仰告白」については、そのタイトルと、有名な「神のことばの説教が神のことばである」（Praedicatio verbi Dei est verbum Dei）というテーゼを聞いたことがあるだけで、ほとんど予備知識のない白紙の状態でした。でもそのときに牧田先生から「第二スイスをやっている人は日本ではほとんどいないから、ちゃんとやれば五本の指に入れるかもしれんぞ？」とおだてられ、確かにその時期に調べてみると日本語で第二スイスについて書いている研究者は僕の知る限り五人はいなかったと思われ、半ば本気になって「よし、これでいこう」と決心したのでした。今にして思えばドイツ語、ラテン語もろくにできないのに、身の程しらずにも程があり過ぎるという話です。

それはともかく、「第二スイス信仰告白」の教会論に関する部分をまとめることを当面の目的にして、勉強が始まりました。ありがたかったのは、ちょうどその時期に神学校の企画で改革派信仰告白の翻訳プロジェクトが動いており、京都大学名誉教授でキリスト教学、特に古代教父の専門でいらっしゃる水垣渉先生が「第二スイス」の翻訳担当者となられ、一度、神学校に来られて、第二スイス信仰告白の原典テキストを巡る問題に関する講演をしてくださったのです。

講義の後のお茶の時間に先生にもとに行き、「実は卒論で第二スイスに取り組んでおりまして、何かアドバイスをいただけたら……」とお尋ねすると、すぐにいくつかの重要なアドバイスをくださったのです。「とにかくテキストを読みなさい」、「動詞の種類と数を数えなさい」、「聖書引用の箇所と回数を数えなさい」。「研究書を読むのは後でいいから、とにかくテキストを読むこと、日本訳でもいいからとにかく繰り返しテキストを読みなさい」。

その上で「ラテン語ができなくても辞書ぐらいひけるでしょう。翻訳と付き合わせて辞書と文法書を使ってやってごらんなさい」と励ましてくださいました。そんなこともあり、そこから、毎日、渡辺信夫先生の訳文とニーゼルの信条集のラテン語テキストをコピーしたものと、羅和辞典を持ち歩き、何度も何度も読み返していくという、まさに「第二スイス」とピッタリ寄り添うような、日々が始まりました。

序文やいくつかの前書き的文書から始まり、第一章から第三〇章までを繰り返し読み、そのうちに教会論が主に論じられる第一七章に的を絞り、その内容の分析を進め、教会の目印論などにも注目する中で、その教会論の持つ内容の豊かさ、実践的性格、生活の中での聖化の重視などの特徴が見えてきて、実際は一七章だけが教会論なのではなく、一七章から終わりの三〇章までを視野に入れて始めて、この信仰告白の教会論の意味が見えてくることなどを知るに至り、それらをまとめて『第二スイス信仰告白の教会論』というテーマで卒論を書き上げることができました。

光栄なことに、この卒論は教授会でよい評価をいただき、その後、卒論としては二度目だったそうですが、神学校の紀要に掲載されることになり、一部を抜粋して『第二スイス信仰告白における「教会の目印」―聖霊論的解釈の一つの試み―』というタイトルで、『改革派神学』第二七号（神戸改革派神学校、二〇〇〇年）として発表することができました。

④「教会教義学」秘話

神戸時代の最後の、今となっては恥ずかしくもあり、しかし嬉しくもあり、忘れられないエピソードがあります。最終学年の一年半、六甲にあった神港教会に通いました。改革派教会では長い歴史を持つ代表的な教会で、かつては日本の講解説教者としてしばしば加藤常昭先生が「東の竹森、西の田中」と紹介された田中剛二先生が奉仕され、その後を引き継がれた安田吉三郎先生が長年にわたる奉仕を終えて引退を迎えようとする最後の期間で、貴重な経験をいくつもさせていただきました。

卒業が近づいたある日曜日の午後、安田先生から「朝岡さん、ちょっと」と牧師室に呼ばれました。引退が近づいている先生は蔵書の整理を始めておられ、「もし欲しい本があったら差し上げますから」と仰ってくださったのです。

大変ありがたく思いつつも、書棚に並ぶ膨大な本を眺めながらどれを選んだらよいかしばし迷ってしまいました。そんな中、ふと目を上げるとある書棚の上にカール・バルトの『教会教義学』がズラリと並んでいるのが目に入りました。しばらく逡巡した挙げ句、「これを逃せば一生チャンスはない、ダメ元でもいいから」と勇気を出してこう言ってみました。

「先生、あのバルトの教会教義学がほしいです。」

そのとき、安田先生は少し離れた机に、こちらを背にして座っておられましたが、しばらく待っても無言のまま、何も返事がありません。聞こえなかったのか、それとも聞こえないふりをされたのか……。

さすがの僕ももう一度繰り返して言う勇気はなく、「これは図々しすぎるお願いだったかも」と後悔し、何となく気まずい空気のまま「今日のところは失礼します」といって牧師室を後にしました。

それから一カ月ほどたった八月終わりの主日。その日は僕たち家族が出席する最後の礼拝で、翌日には赴任先の東京に転居する日曜日でした。いつものように朝のジュニア礼拝、主日礼拝、午後の時間を過ごし、夕拝まで終わって、玄関先で先生ご夫妻をはじめ夕拝に出ておられた教会の皆さんがお別れと見送りに出てくださいました。一年半、家族揃って本当にお世話になり、子どもたちも楽しく通っていたので寂しい思いを持ちながら、僕と妻とそれぞれに皆さんとお別れの挨拶をしている最中、安田先生が僕のところに近寄ってこられ、耳元で「朝岡さん、玄関においてある段ボール箱を持って帰ってください」と言われたのです。とりあえず「はい、わかりました」と言って置いてあった二箱ぐらいの段ボール箱を車のトランクに積み込み、皆さんにお別れをして神学校の寮に帰り着きました。

そこで先生から託された段ボール箱も抱えて家に帰り、ガムテープを剥がしてフタを開けてみると、なんとそこにはバルトの『教会教義学』全三六巻が収められていたのです。驚くやら、感激するやら、「ああ、あのとき、やっぱり先生には聞こえていたんだ」という思いを抱くやら、とにかく安田先生らしいお心遣いに本当に感謝しました。

後日、神戸時代にお世話になった先生や友人にそのエピソードを話すと、「安田先生にそんな図々しいお願いができるのは、お前ぐらいだ」と半ば呆れられましたが、今は主の御許に帰られた安田先生が一番呆れておられるかもしれません。僕にとっては神戸時代の最後を飾るハイライトです。

第二節　再び教会に遣わされて

①講解説教の取り組み

こうして三年半の休職期間を終え、二〇〇〇年九月に東京都板橋区にある日本同盟基督教団徳丸町キリスト教会に赴任しました。いろいろな痛みを経験した後の教会で、礼拝に集まる人数も最盛期から比べると半減しているような状態でしたが、僕自身は学びを終えて充電満タン状態で、疲労感漂う教会の皆さんからすれば「そんなに張り切らないで……」ということだったかと思いますが、自分の中では「自分のやるべきことはハッキリしている」という思いで、あまり悩むこともなく、「とにかく礼拝に集中しよう」、「みことばに耳を傾けよう」、「みことばに養われていったら、必ず教会は元気を取り戻すことができる」、「聖書が語る福音の自由と喜びを味わおう」と繰り返し皆さんと確認し合いながら、奉仕が始まりました。

礼拝説教は講解説教で、最初に取り上げるのはルカ文書と決めていたので、「ルカの福音書」を約三年、続いて「使徒の働き」(「使徒言行録」)を約三年かけて説き明かしました。その後、朝拝では「ガラテヤ書」、「ヨハネ黙示録」、「フィリピ書」、「ヨハネ福音書」、「マラキ書」、「ネヘミヤ記」、「マルコ福音書」、「ローマ書」、その間に折々「主の祈り」、「十戒」、「使徒信条」の説教が入り、最後に「ヨハネの手紙第三」を説いて、約二二年の奉仕を終えました。

また夕拝では「ニカイア信条」講解、「バルメン宣言」講解、「創世記」、「出エジプト記」、「教会に生きる」、「伝道に生きる」、「礼拝に生きる」、「福音に生きる」などの主題説教、「ハイデルベルク信仰問答」講解、「エステル記」、「放蕩息子の譬え」、「テモテへの手紙一、二」講解、「ヨハネの手紙第二」講解などに取り組みました。

この間、さまざまな注解書や参考書のお世話になりましたが、印象に残っているものをいくつか挙げてみます。ルカ福音書では三好迪先生の『福音書のイエス・キリスト3　ル力による福音書——旅空に歩むイエス』（日本キリスト教団出版局、一九九八年）、「使徒言行録」では和田幹男先生の『聖パウロ——その心の遍歴』（聖パウロ女子修道会、一九九六年）、原口尚彰先生の『ロゴス・エートス・パトス——使徒言行録の演説の研究』（新教出版社、二〇〇五年）、ガラテヤ書では佐竹明先生の『現代新約注解全書　ガラテア人への手紙』（新教出版社、一九七四年）、原口尚彰先生の『現代新約注解全書別巻　ガラテヤ人への手紙』（同、二〇〇四年）など。

ヨハネの黙示録ではやはり佐竹先生の『現代新約注解全書　ヨハネの黙示録（上・中・下）』（同、二〇一一年、二〇〇九年、一九八九年）、四竈更先生の『死に至るまで忠実なれ——黙示録講解説教』（教文館、二〇〇七年）、フィリピ書ではこれも佐竹明先生の『現代新約聖書注解　ピリピ人への手紙』（新教出版社、一九六九年）、F・B・クラドックの『現代聖書注解　フィリピの信徒への手紙』（古川修平訳、日本キリスト教団出版局、一九八八年）など。

ヨハネ福音書では伊吹雄先生の『ヨハネ福音書注解（I〜III）』（知泉書館、二〇〇四年、二〇〇七年、二〇〇九年）が新鮮で、マルコ福音書では渡辺信夫先生の『マルコ福音書講解説教（I・II）』（新教出版社、一九六六年、一九六八年）、エプ、パーキンス『NIB新約聖書注解2　新約聖書緒論・マルコによる福音書』挽地茂男訳（ATD・NTD聖書註解刊行会、二〇〇〇年）から教えられました。

ローマ書では竹森満佐一先生の『ローマ書講解説教（I〜III）』（新教出版社、一九六二年、一九六五年、一九七二年）、榊原康夫先生の『ローマ人への手紙講解（1〜5）』（教文館、二〇一〇年）、ワルケンホースト神父の『信仰と心の割礼――ロマ書の解釈1―4章』（中央出版社、一九七三年）、『万民とイスラエル――ロマ書の解釈9―11章』（同、一九七六年）、『信仰と体のあがない――ロマ書の解釈5―8章』（同、一九七九年）、『ロマ書の戒め　信仰の従順――ロマ書の解釈12―16章』（同、一九八一年）、関根正雄先生の『関根正雄著作集18〜20ローマ人への手紙講解（上・中・下）』（新地書房、一九八九―一九九〇年）、そしてヨハネの手紙では、三浦望先生の『NTJ新約聖書注解　第1、第2、第3ヨハネ書簡』（日本キリスト教団出版局、二〇二〇年）などです。

そして絶えず読んでは教えられ、自分自身も深く養われたのは、加藤常昭先生の説教集でした。

②注解書から教えられ、問いが生まれ、対話が生まれる

上記に挙げた注解書は実際に説教準備に用いたほんの一部に過ぎません。実際には狭い机一杯に注解書や講解書を積み上げ、各種の翻訳聖書や辞書を広げて、信徒の方が見たら「本当にこれで説教が作れるのか」と疑われてもおかしくないような光景でした。週日に

は教会の他の事務仕事や祈禱会、夕拝の準備もあるわけで、その度に本を出したり引っ込めたり。そのうちにそれが面倒になって狭い牧師室に無理やり小さな机をもう一つ入れて、その上に広げっぱなしにできるようにしたり。でも個人的な相談事は牧師室でうかがうことが多いので、そうするとまたその本をどかしたりと、非効率この上ないことの繰り返しでした。「事務専用の机と説教準備専用の机があれば……」、「牧師室と他に面談室があれば……」と幾度思ったか分かりません。

今も基本的に机の上に十数冊の本がオブジェのように絶妙なバランスで積み上げられていることに変わりはないのですが、やはり連続講解説教を続けていると、注解書の何冊かは数年の間ずっと手もとにあって開き続けることになるわけです。そしてその中でも特に自分にとって大切な意味を持つ注解書というものが自然と選ばれてくることになるのです。注解書の選び方には説教者の個性が表れるように思います。信頼できるシリーズ物をいくつか揃え、その上で、自分がこれから講解説教で取り組むものに関連する注解書を集めるということが一般的かもしれませんが、それでも語学力も含めて英語、ドイツ語などの学術的な注解書、批評学的な成果を盛り込んだものから保守的なもの、歴史の古いものから新しいもの、説教黙想に役立つような黙想集や講解書、そして説教集などなど。準備のどの段階でどの程度それらを用いるか、それもそれぞれの説教者の準備の仕方によると思いますが、とにかくコンスタントに毎週の説教を準備していくには、ある程度の準備のコンパクト化が求められてきます。そうでなくても、さまざまな仕事が、しかも突発的に入り込んでくるのが牧師の仕事ですから、なんとしても「日曜日に間に合う」説教準備をしなければならないわけです。

そう考えると、僕の場合は説教準備にそれほど多くの注解書を読むことはできません。しかも語学力の問題で、やはり日本語になっている注解書を読むことが中心になります。そうしたいくつかの制約の中でも、「ああ、この注解書は読み物としても面白いな」と思える注解書と出会えることは幸いです。一語、一語、一文、一文と地を這うように進みながら、古今東西の学者たちと対話しながら自分のテクストの読みを確定していくという、聖書学者の方々の大変な作業の成果にあずかっているわけですから、それを読むこちらも、それなりの姿勢をもって読むことが礼儀でもあると思います。その場合の礼儀とは、ただ書かれていることをそのまま説教原稿に筆写するというようなことではなく、きちんとその注解書の主張を理解するように努め、そこから新しく発見があればそれを書き留め、疑問が浮かべば裏付けを確認し、こちらからも注解書に問いかけていく。「どうしてこの先生は、このテクストをこのように読むのだろうか」、「この主張の論拠となっているものはどこにあるのだろうか」、「先行研究とどのような対話をした結果、この結論を導き出したのだろうか」、「この先生の読み方に自分は説得されるだろうか」などなど、いろいろな問いをぶつけてみるのです。

そのようなある種の対話ができる本というのは、実はそんなに多くはないのではないかと思います。もちろん聖書に限らず、古典的な書物にはそれについての注解、注釈、解説といった類の本は数多くあると思いますが、それでも聖書の各書についての「注解書」というのは、それで一つの文学ジャンルを作るほどのものになっているのではないかと思います。

個人的には、先のリストにも度々挙げたように、これまで僕が読んだ注解書で、そのように読んで教えられ、問いが浮かび、自分なりの対話ができた（というほどの自信はありませんが）のは、新教出版社の『現代新約注解全書』シリーズです。月刊誌『福音と世界』に連載される聖書釈義がもとになっていると思いますが、今は山﨑ランサム和彦先生のルカ福音書の釈義が続いています。その前の、広島大学の辻学先生のテモテ一、二、テトスへの手紙の釈義は、ついに一冊にまとめられて辻学『現代新約注解全書　牧会書簡』（新教出版社、二〇二三年）として出版されました。約七五〇頁の堂々たるものです。僕のような福音派育ちの人間には、なかなかついて行けない議論があるのも事実ですが、それらも含めて学び、問い、対話できるのがこのシリーズの最大の利点だと思います。

特にお世話になったのは、佐竹明先生の『ガラテヤ人への手紙』、『ピリピ人への手紙』、そして『ヨハネの黙示録』です。『ヨハネの黙示録（上・下）』は後に緒論部分を含めた増補がなされ上中下巻になり、新版の上巻をあわてて買い求めましたが、とにかくそれぞれの書物を説教するにあたり、一番時間を掛けて読んだのが佐竹先生のものでした。それは学問的であるとともに、端々に先生の信仰的・牧会的な視点があらわれる表現があり、慰められたり、励まされたりすることの多いものでした。

またヨハネ福音書に取り組んだ際に一番お世話になったのが、伊吹雄先生の『ヨハネ注解書（Ⅰ〜Ⅲ）』でした。実はそれまで失礼ながら先生のことをほとんど存じ上げなかったのですが、この注解を紐解きつつ、心の内に主イエス・キリストを通しての神の愛を深く、熱く感じたことを思い出します。

このような注解書との出会いは、説教者を通して聴衆にも影響を与えるものでもあり、その分、責任も伴うものですが、それだけしっかりとした対話が求められる、説教者にとっては格好の学びの機会でもあると思います。

③ひたすら「書く」訓練の時

水曜朝夕の祈禱会では、ウェストミンスター小教理問答やハイデルベルク信仰問答を繰り返し学んだり、旧約聖書、新約聖書の概説を学んだりしました。これらの学びでは、さまざまな参考書をもとにしながらも、できるだけ自分で解説を書いて毎回参加者に配り、三〇分ほどの話と質疑応答をしてから祈りの時間に入るというものでしたが、「何があっても原稿を書く」ということを自分に課して続けたことが、僕にとっての何よりの訓練の時になったと思います。夜の祈禱会などは、しばらく参加者が僕と妻の二人だけという時期もありましたが、ほとんど意地で「これは教会の公的な集会だ」と、この形を続けました。妻が大事にファイリングしていた当時のレジュメには、膝の上に座っていた三歳頃の次男が、紙面一杯に落書きをしているものなどがたくさんあり、そんな中でもともに学んでくれた妻に、あらためて感謝したものです。

そんな経験もあってか、若い牧師たちに「〇〇のテーマについて、皆で読めるいい本はないですか？」と相談されると、いくつか書物を挙げるのにあわせて「でも、一番いいのはそれらの本を参考にして、自分で毎回、レジュメを書いてみることだよ」と勧めています。これも実は恩師の教えの受け売りで、「とにかく原稿を書きなさい。書かなければそれっきりだが、一度書けば形に残る。そして書き続けていれば、いつかなにかしらのものにはなる」と言われたのでした。確かに自分で一度書いたものは。後々ブラッシュアップしていくことができますし、それによって多少なりともオリジナルなものになっていくと思います。

その一方で、折々には読書会形式で本を読むことも大事にしてきました。宮村武夫先生の『旧約聖書講解シリーズ5　申命記』（いのちのことば社、一九八八年）や下川友也先生の『同シリーズ8　歴代誌』（同、一九八九年）を一緒に読んだり、中でも心に残るのは、オットー・ブルーダーの『嵐の中の教会――ヒトラーと戦った教会の物語』森平太訳（新教出版社、一九九九年）を、毎回、私が解説のレジュメを作って通読した経験です。最終回では感想の分かち合いをしましたが、ある姉妹が「朝岡先生がいつも教えてくださっているのは、こういうことだったのですね」と言われたのが嬉しい感想でした。

また年に数回、「教会セミナー」と題して、午後に全体の学び会をしましたが、そこでの講演準備のために、その時々のテーマに応じた書物から学ぶことになり、自然と蔵書は増えていった時期でした。

④神学校で教え始めるようになって

東京に来てから、神学校で教える機会を頂くようになりました。最初は母校であった神戸改革派神学校で、教会史全般を担当しておられた教授が急遽退かれることになり、後任になる予定の先生がまだ留学中ということで、ピンチヒッターのようなかたちで「宗教改革史」と「近世史」を担当することになり、隔週で東京から神戸に出向いて授業をすることになりました。かねてより「一番の勉強法は〝教える〟ことだ」と聞いていましたので、とにかく必死に各時代について書かれた参考書類を積み上げて、毎回徹夜で準備して講義ノートを作り、飛行機や新幹線で神戸に行って授業に臨んだことを覚えています。

その奉仕が二年間で終わって一息ついた頃に、今度は東京基督神学校（現在の東京基督教大学大学院の前身校）から「信条学」を担当するようにとの求めがあり、二〇〇六年から神学校が閉校する二〇一一年までクラスを担当しました。このときは、かつて神戸時代の卒論のために集めた信条学関係の書物が大いに役立ちましたし、翌年からは隔年でカルヴァンの「キリスト教綱要講読」のクラスも担当することになり、「一〇回の講義で綱要全四篇を読み通す」ことを授業の目標に掲げたおかげで、僕自身も綱要を毎年通読するようになりました。またかつて渡辺信夫先生が神戸で集中講義をされたものが書籍となった『カルヴァンの「キリスト教綱要」について』（神戸改革派改革派神学校、一九九八年）、それがもとになった同『カルヴァンの「キリスト教綱要」を読む』（新教出版社、二〇〇七年）や、綱要の英訳者で有名なフォード・ルイス・バトルズの綱要分析書の和訳、『「キリスト教綱要」を読む人のために』金田幸夫・高崎毅志訳（一麦出版社、二〇〇九年）は、よい参考書となりました。

この時期に読んだもので印象深く残っている書物として、神学書では、『宗教改革著作集（全一五巻）』（教文館、一九八三―二〇〇一年）や『ルター著作集（第一集全一〇巻、第二集刊行中）』（聖文舎、リトン、一九六三―）、『原典宗教改革史』（ヨルダン社、一九七六年）、渡辺信夫先生の『プロテスタント教理史』（キリスト新聞社、二〇〇六年）、加藤常昭先生の『自伝的説教論』（同、二〇〇三年）、近藤勝彦先生の『信徒のための神学入門』（教文館、一九九四年）、芳賀力先生の『救済の物語』（教文館、一九九七年）。

一般書では精神科医の野田正彰先生の『戦争と罪責』（岩波書店、一九九八年）、『背後にある思考』（みすず書房、二〇〇三年）などが思い出されます。

また二〇〇〇年に、新潮クレストブックスの一冊として出たベルンハルト・シュリンクの『朗読者』（松永美穂訳、新潮社、二〇〇〇年）を手にしました。タイトルが気になったこと、著者が著名な組織神学者エドムント・シュリンクの息子であること、そしてナチ時代の出来事が背景になっていたことなどが主な理由でした。原著と同じく本書も大ヒットし、『毎日出版文化賞特別賞』を受賞し、また後にアンソニー・ミンゲラが監督して映画にもなり、これもまた話題となったものです。

ちょうどこの時期、神戸での学びを終えて牧師職への復職準備中であった僕は、徳丸町キリスト教会からの招聘の話が進んでおり、その年の五月に教会をお訪ねし、土曜日は役員会との懇談、日曜日は礼拝での説教と、その後の教会員との懇談会が予定されていました。

土曜日の役員会との話し合いと夕食のあと、その晩は役員さんのお宅に泊めていただくことになっていました。大学教員のご夫妻ということで、いささか緊張してご自宅に迎えられたのですが、気さくであたたかいお心遣いをいただいて、その晩はゆっくり休むことができました。

そして迎えた日曜日の朝、食卓で朝食をいただきながら短い語らいの時、「ご専門は何ですか?」とお尋ねすると「農学部で、海中の微生物の研究をしています」とのこと、「ではお連れ合いは?」と続けると「妻はドイツ文学です。翻訳もしています」と。そこであれこれ考えるうちに「もしかして……」と、ご本人にお尋ねすると、その方が松永美穂さん。同書の訳者だったのです。それ以来、訳書が出るとプレゼントしてくださったり、買い求めた本にサインをお願いしたり、大学の授業で一コマ、ゲストに迎えてられて村上春樹の話をする機会を与えられたりして、不思議な出会いに感謝した忘れられない出来事です。

第四章　読まざるをえないものを読むようになった三〇代後半から四〇代前半

第一節　政治と震災に揺さぶられて

①二〇〇四年から二〇一〇年ごろまで

二〇〇四年から二〇一四年頃にかけての、僕の三〇代後半から四〇代半ばまでの日々は、政治や社会の問題と深く関わることになった一〇年でした。特に所属教団の「教会と国家」委員会の責任を持つことになった経緯から、一九九九年の「国旗・国歌法」制定後の学校現場での強制を巡る問題、天皇制とヤスクニの問題、憲法を巡る問題、信教の自由に関する問題、戦争と平和についての問題、歴史教科書問題や従軍慰安婦問題、歴史修正主義の問題、日本の戦争責任、特に教会の罪責などを考える機会が圧倒的に増えていきました。

特に二〇〇六年に第一次安倍内閣が発足し、「美しい国づくり」や「戦後レジームからの脱却」を掲げる保守的・国家主義的政治の始まりを迎え、教育基本法改悪に始まり、防衛庁が防衛省になり、将来の憲法九条を中心とする改憲を視野に入れた「国民投票法」の制定など、矢継ぎ早に政策が打ち出されていく中で、入門書から専門書まで、社会の出来事を追いかけるようにして本を読み漁った時期でもありました。

しかし何と言っても素人なので、付け焼き刃でもよいので基本的な憲法の知識を身につけようと、教科書的な書物として芦部信喜『憲法　第四版』（岩波書店、二〇〇七年）、樋口陽一『憲法　第三版』（創文社、二〇〇七年）、長谷部恭男『新法学ライブラリー2　憲法第三版』（新世社、二〇〇四年）から学びました。また実際にさまざまな現場で起こっていることを知るために、田中伸尚さんの『教育現場に「心の自由」を！——「君が代」強制と闘う北九州の教職員』（岩波ブックレット、二〇〇五年）、『日の丸・君が代の戦後史』（岩波新書、二〇〇〇年）、『靖国の戦後史』（同、二〇〇二年）、『憲法九条の戦後史』（同、二〇〇五年）、『ドキュメント靖国訴訟——戦死者の記憶は誰のものか』（岩波書店、二〇〇七年）などを読み、さらに今日の状況を憲法学者たちがどのように見ているかを知るために樋口陽一『憲法と国家』（岩波新書、一九九九年）、同『個人と国家——今なぜ立憲主義か』（集英社新書、二〇〇〇年）、長谷部恭男『憲法とは何か』（岩波新書、二〇〇六年）、同『憲法と平和を問い直す』（ちくま新書、二〇〇四年）、長谷部恭男・杉田敦『これが憲法だ！』（朝日新書、二〇〇六年）などを読みました。

この時期に読んで印象深かったのは、最高裁まで争われた佐藤美和子さんの「ピースリボン裁判」に関する野田正彰先生の『子供が見ている背中——良心と抵抗の教育』（岩波書店、二〇〇六年）です。

また僕にとっての大きな出来事は、二〇〇八年度、キリスト者学生会（ＫＧＫ）主催の主事会セミナーというのが始まり、月に一度、金曜日の夜にお茶の水の事務所の会議室に三〇人ほどの学生や若い社会人たちが集まって、彼らとともに一九三〇年代からのナチ政権に抵抗した「ドイツ告白教会闘争」の金字塔ともいえる『バルメン宣言』について、一年かけて一〇回にわたり学んだことでした。

もともとドイツ告白教会闘争については関心があって、いくつかの書物を読んでいましたが、この講座のためにあらためて雨宮栄一先生の『バルメン宣言研究——ドイツ教界闘争史序説』（日本キリスト教団出版局、一九七五年）、『ドイツ告白教会闘争の展開』（同、一九八〇年）、『ドイツ告白教会闘争の挫折』（同、一九九一年）の三部作、先にも挙げた宮田光雄先生の『十字架とハーケンクロイツ——反ナチ教会闘争の思想史的研究』（新教出版社、二〇〇一年）、宮田先生の編集による『ドイツ教会闘争の研究』（創文社、一九八六年）、『ナチ・ドイツの政治思想』（同、二〇〇二年）、Ｋ・クーピッシュ『ドイツ教会闘争への道——近代ドイツ教会史 1815-1945 年』（新教出版社、一九六七年）、ロバート・Ｐ・エリクセン『第三帝国と宗教——ヒトラー政権を支持した神学者たち』古賀敬太・木部尚志・久保田浩訳（風行社、二〇〇〇年）、そしてハインツ・Ｅ・テートの『ヒトラー政権の共犯者、犠牲者、反対者——〈第三帝国〉におけるプロテスタント神学と教会の内面史のために』宮田光雄、佐藤司郎、山﨑和明訳（創文社、二〇〇四年）、佐藤司郎先生の諸論文などから学び直していきました。

この学び会の原稿を目にした編集者の方が「一冊にまとめてみてはどうか」と提案してくださったことがきっかけとなって、二〇一一年にいのちのことば社の21世紀ブックレットの一冊として、僕の初めての単著である『「バルメン宣言」を読む——告白に生きる信仰』（いのちのことば社、二〇一一年、後に増補改訂版、二〇一八年）の出版が実現したのです。自分でも驚くような出来事でした。

すでに専門の先生方による優れた著書が多くある中で、このような本を出すことには正直、恐れとためらいがありましたが、そんな思いを相談した恩師の一人から「本を書くというのは、自分の間違いを指摘してもらい、批判してもらうためにするものだ。それを受けてまた学び直し、成長していけばいいのだ」という励ましというか忠告をいただいて、「それならば」と決心したことを思い出します。また実際に本が出来上がってくると、編集者をしている教会のメンバーが「参考文献などでお世話になった先生に本を送るといいですよ」と助言してくれました。どこの馬の骨とも分からん人間からいきなり本を送りつけられたら迷惑なのでは、とためらう僕に「そんなことないです。業界ではそういうものです」と背中を押され、幾人かの著名な先生方にお手紙とともに本をお送りしました。

「どんな間違いを指摘されるだろうか?」と恐る恐る出したのですが、ありがたいことに多くの先生方がご丁寧な礼状を返してくださいました。これがきっかけで繋がりをいただくようになった先生もおり、一冊の本を出すということの意味と責任の重さを教えられた経験でした。

こうして、とにかく慌ただしく過ごした政治の時期でしたが、そのような中でも精読した本として、加藤信朗先生の『アウグスティヌス「告白録」講義』(知泉書館、二〇〇六年)が面白く、引き込まれるようにして読みました。古典と呼ばれる書物を読む手ほどきを頂いたような一冊です。また雨宮栄一先生の一連の評伝シリーズ、『青春の賀川豊彦』(新教出版社、二〇〇三年)、『貧しい人々と賀川豊彦』(同、二〇〇五年)、『暗い谷間の賀川豊彦』(同、二〇〇六年)、『若き植村正久』(同、二〇〇七年)、『戦う植村正久』(同、二〇〇八年)、『牧師植村正久』(同、二〇〇九年)、『評伝　高倉徳太郎(上)』(同、二〇一〇年)、『評伝　高倉徳太郎(下)』(同、二〇一一年)などは集中して読んだものです。

②神学書がまったく読めなくなった時

二〇一一年三月一一日(金)午後二時四六分、東北沿岸を中心とした広大な地域が大きく揺れ、その後、大津波がやって来て甚大な被害を与えることになりました。東日本大震災です。地震、津波、そして東京電力福島第一原子力発電所が壊滅的な被害を受け、この事故によって福島を中心に多くの人々が避難生活を余儀なくされ、以後、見えない放射能汚染との闘いも始まりました。

震災発生時、僕は千葉の東京基督教大学の卒業礼拝に参列していましたが、式の最中に大きく長い揺れがやって来て、式は中止、参列者は全員中庭に避難し、続く余震にも脅かされながら、いったいどれほどの規模の地震で、どこの地域が震源で、どれほどの被害が出ているのか。まるで情報が分からない中、幾人かの人が持っていた携帯電話のワンセグテレビで緊急ニュースが流れ、震源は宮城県沖、地震とその後にやって来た津波によって大変なことになっていることが分かってきました。僕はその日の夕方、たまたま車で来ていた友人が同乗させてくれるというので、その車で千葉から東京の板橋まで戻りましたが、通常なら一時間半ほどの道のりが、その日は八時間かかって家に辿り着きました。

その日から、それまでの生活が一変し、所属教団の震災支援の実務担当者となり（翌年四月からは震災支援本部事務局長）、支援活動に明け暮れるようになりました。初期は救援物資の調達と被災地への輸送の段取り、やがてボランティアの募集と派遣にかかわるさまざまな業務、そして自分自身も日曜日以外は教団事務所に詰めるか、実際にトラックに物資を積んで東北各地を行き来するような生活となり、そのうちに自分自身も相当のストレスと疲労を抱えるようになっていきました。

その頃の僕にあらわれた一つの顕著なものが、いわゆる「神学書」や「信仰書」の類いの書物がまったく読めなくなる、ということでした。体の疲れや時間のなさももちろんなのですが、そういう本を読もうという気持ちが失せてしまった。もっと言えば神学の書物を手にしても、目の前で起こっている圧倒的な出来事の中では、そこに記されていることばはどれもまったく抽象的に思え、リアリティに欠けたものと感じられ、「だから、なに？」と言いたくなるような、現実との距離感を感じてしまっていたのでした。もちろん日曜日の説教はありますから、聖書と最低限の書物は目にしていましたが、それ以外は書棚にあるものも、新しく出るものも、まったく読む気が起こらないという、自分でも驚くような期間が半年以上続いたと思います。

それでも活字には飢えていて、各新聞社から出される震災当日から数日分の新聞の縮小版や写真集、被災地の被害の様子を伝えるドキュメンタリーや被災者の声を拾い集めたインタビュー集、東北の歴史や文化をもとに、今回の出来事のもたらした意味を論じる評論や社会学的な分析、神戸の震災を振り返りそこからの教訓を伝える本、原発事故の生々しい様子が新聞連載から次々に書籍化されていった朝日新聞特別報道部著『プロメテウスの罠（一―九）』（学研プラス、二〇一二―二〇一五年）など、とにかく震災の本が出れば片っ端から手に入れて、夜中に読みふけるようなことが続き、本棚一本分は優に超える一〇〇冊近い震災関連本が積み上げられるようになっていきました。

③支えられた読書、ことば化して支えられた書物

そんな中で自分自身の助けとなり、支えられたのが、精神科医でトラウマ研究の専門家でもある一橋大学教授の宮地尚子さんの『震災トラウマと復興ストレス』（岩波ブックレット、二〇一一年）を読んだことでした。それ以来、『環状島＝トラウマの地政学』（みすず書房、二〇〇七年）、『傷を愛せるか』（大月書店、二〇一〇年）などを読むようになり、また神戸の震災後に読んだ中井久夫先生の本や、外岡秀俊『地震と社会』（上・下）――「阪神大震災記」』（みすず書房、一九九七年、一九九八年）など再読するようになり、それから震災翌年から二〇二一年まで毎年、岩波ブックレットで出版される岩波書店編集部編『3・11を心に刻んで』（岩波書店、二〇一二―二〇二一年）を、一つの儀式のようにして読み続けてきました。

また「神学書が読めない」と言いつつも、恩師、丸山忠孝先生の『カルヴァンの宗教改革教会論――教理史研究』（教文館、二〇一五年）は、特別の感慨をもって読んだ一冊です。

その一方で、自分の経験を「ことば化」する機会をいただけたのは、幸いでした。頭も

心も満杯になって潰れかけていたところで、それらを一度とにかくことばにしてアウトプットすることで、自分自身が一端、落ち着きを取り戻せたという実感があるのです。僕の場合は被災地支援の経験の講演を収めた信州夏期宣教講座編『21世紀ブックレット50 東日本大震災から問われる日本の教会——災害・棄民・原発』（いのちのことば社、二〇一三年）、支援活動にかかわる中で感じた悩みや葛藤を綴った『3・11ブックレット〈あの日〉以後を生きる——走りつつ、悩みつつ、祈りつつ』（いのちのことば社、二〇一四年）、福島の子ども支援に携わるようになり、貴重な出会いとなった郡山の木田恵嗣牧師との対談の記録『3・11ブックレット 福島で生きていく』（いのちのことば社、二〇一四年）などの書物です。

第二節 ふたたび政治に揺さぶられて

①安倍政権、石原都政、橋下府政のもとで

二〇一二年に自民党安倍内閣が復活して保守勢力が強まる中、まず顕在化したのは公立学校や公務員に対する「日の丸・君が代」強制の動きでした。東京では石原都政下の都教育委員会が出した二〇〇三年の「10・23通達」、大阪では橋下府政下での二〇一一年六月の条例化などです。また二〇一三年一二月には「特定秘密保護法」の成立、二〇一四年一

二月発足の第三次安倍内閣は閣僚のほとんどが「神道政治連盟」、「日本会議」に名を連ね、今となっては「旧統一協会との癒着」が露わになってきていますが、当時は国家主義を前面に出し、復古的性格の強い政権としての色を強めていました。

二〇一四年七月には安全保障関連法案が閣議決定され、憲法九条の解釈改憲による集団的自衛権行使が可能となる関連法が翌二〇一五年九月に成立しました。その直前の八月末の日曜日、国会前を埋め尽くした反対デモの群衆の光景を今も度々目にしますが、あの集団の中には私と教会の仲間たちも一緒にいました。また原発再稼働の動きや沖縄の辺野古への基地新設、二〇一七年六月の共謀罪成立など、さまざまな動きが同時進行的に進み、「憲法改悪」が大きなテーマとなって、キリスト者のあり方が大きく問われたときでもあったと思います。

②キリスト者としての発言を求められて

この時期の僕は「読まざるを得ない本を読みつつ」、自分たちでも行動することが求められていたときで、さまざまな集まりに招かれて講演をしたり、こちらが集会を企画したりして、それが書籍化されるということが続いた時期でもありました。

二〇一二年七月一六日に日本キリスト改革派教会宣教と社会問題に関する委員会主催の

講演会記録として、朝岡勝、佐藤美和子、梁陽日、教師A（実名を伏せて登壇）『「日の丸・君が代」問題を考える――教会は「日の丸・君が代」強制の問題といかに向き合うべきか』（一麦出版社、二〇一三年）が出され、また国旗国歌強制の最前線にいる公立校の教員や公務員の方々に連帯すべく、僕も含めた有志が連続講義を開催し、それらをまとめた、君が代強制反対キリスト者の集い編『21世紀ブックレット48　信仰の良心のための闘い――日の丸・君が代の強制に抗して』（いのちのことば社、二〇一三年）が出版されました。

またクリスチャン新聞とキリスト新聞の共催で開かれたシンポジウムの記録である『21世紀ブックレット51　この国はどこへ行くのか⁉　教育・政治・神学の視点から』（いのちのことば社、二〇一四年）、クリスチャン新聞にリレー連載された憲法特集のまとめであるクリスチャン新聞編『21世紀ブックレット52　クリスチャンとして「憲法」を考える』（いのちのことば社、二〇一四年）などにもパネリストとして登壇したり、数回の連載記事を寄稿したりしました。

③「特定秘密保護法に反対する牧師の会」を通しての経験

この時期の僕にとっての最大の出来事は、二〇一三年一二月に安海和宣牧師とともに共同代表になり、呼びかけ人と最終的に五〇〇名を超える牧師たちが賛同者に名を連ねる

「特定秘密保護法に反対する牧師の会」を立ち上げたことです。この活動は当初の特定秘密保護法反対から、その成立後は解釈改憲による安保法制問題への反対運動に進み、国会議員会館での祈り会や種々の講演会、安保法制特別委員会に所属する衆議院、参議院の議員会館内の部屋に戸別訪問するなどのロビー活動を続けました。

これらの運動の中からの文章をまとめたものが、特定秘密保護法に反対する牧師の会編『新教コイノーニア28　なぜ「秘密法」に反対か――開かれた平和な国のために祈りつつ』（新教出版社、二〇一四年）です。ただしこの運動にはキリスト教会内でも賛否両論の意見があり、僕も個人的に忠告を受けたり、批判を受けたりし、やがては恫喝を受けたり、「左翼牧師」、「反日牧師」などとネット上に書き込まれ、「神に呪われて死ね」という匿名のメールが送られてきたり、別の主題で招かれた集会で僕の書籍の販売を止めるようにと販売に来ていたキリスト教書店に地元の牧師から圧力がかかって販売取りやめになるなど、思いがけないハレーションもありました。

④「運動」から「書籍化」へ

その他、改憲勢力が議席を取ると予想された二〇一六年の参議院選挙前にと、急いで準備した山口陽一先生（東京基督教大学特任教授）と僕の共著『新教コイノーニア32　キリストが主だから――いま求められる告白と抵抗』（新教出版社、二〇一六年）、日本キリスト改革派教会西部中会が毎年開いておられる8・15集会の講演録、袴田康裕編『地の塩となる教会を目指して』（一麦出版社、二〇一七年）、私学の教員組合の先生方の集まりでお話ししたものを文書化した『カイロスブックス　剣を鋤に、槍を鎌に――キリスト者として憲法を考える』（いのちのことば社、二〇一八年）などが続きました。

また二〇一六年四月末に、天皇が生前退位の意向を示し、二〇一九年に天皇の代替わりが為されることになり、これに対するキリスト者の対応も問われることとなりました。僕たちは秘密保護法に反対する牧師の会の世話人の有志が中心となって「教会と政治」フォーラムと言う集まりを立ち上げ、そこでの天皇代替わりについての連続講演をまとめた「教会と政治」フォーラム編『キリスト者から見る〈天皇の代替わり〉』（いのちのことば社、二〇一九年）を出版することができました。かつての昭和天皇の死去と大嘗祭の動きのときに比べて、今回、キリスト教界からの声がほとんど聞こえてこないことへの危機感から始めた企画でしたが、結果的はこのテーマを扱ったほぼ唯一のものになったと思います。

第五章　土台が固まり、思考が動き始めた四〇代後半から五〇代前半

第一節　神学的思考の発動

①「何かが動き出した」という手応え

四〇代半ばに差し掛かった頃でしょうか。ことばで表現するのがなかなか難しいのですが、これまでに遭遇した出来事、それらを身をもって受け取った経験、思いがけない仕方で、あるいはこちらから願い求めて出会った多くの人々、その時々の必要に迫られて読んだ数多くの本、こうした重荷を担いながら教会に仕え、地域に生き、社会で起こる出来事について悩み、考え、祈り、試行錯誤し、とにかく「走り続け、走りながら考える」ような生き方を続けるうちに、あるとき自分の中で「何かが動き出した」という手応えを感じた瞬間がありました。

これまでの僕は、毎週の教会での説教や、各種のセミナー、講演会などに招かれてあるテーマについて話すにしても、またさまざまな媒体に求められて、何かの主題について文章を書いたり、論文のようなかたちでまとめたりするにしても、いつも「一から調べて、考える」というところから作業が始まるので、一つの仕事に結構な時間と労力がかかり、それでも調べてみればみるほど、考えれば考えるほど、自分の意見はグラつき、まとまりがつかず、締切が迫ってきて、無理やりに結論をひねり出してまとめ上げるという感覚がありました。

しかし、この「何かが動き出した」という手応えというのは、一つには自分自身の中にある程度の知識が蓄積され、もう一つには、そうして蓄積された知識に基づいた自分なりの洞察、思考、すなわち自分の「神学的思考」が発動し始めたということです。こうして多くの情報、状況、意見、立場の広がりと分布の具合などについて、自分の視野で見える限りの全体像を見渡し、物事のすべてを「一から」考えずともこれまでに蓄積された知識とそれに基づく洞察によって、できるだけ広い視野の中で全体像を摑み、その中での自分の視座の置きどころ、自分の立ち位置を定めることができるようになってきたという感覚を持つようになったのです。

僕は一〇代半ばで父を亡くしたため、どうしても必要なことは母のところにいって相談していたのですが、そのときの答えは決まって「祈って決めなさい」、「祈って自分で決めなさい」というものでした。その上で、二二歳で神学校を卒業し、いよいよ任地である岡山に向かうという前の晩、母が僕のために祈ってくれました。その祈りとは「どうか神のしもべとして必要な謙遜と、事柄の本質が何かを見極めることのできる洞察力と、その洞察に基づいて事柄を正しく判断できる判断力を与えてください」という祈りでした。まさにソロモン王が主なる神に「聞き分ける心」(列王上三・九)を願い、主がその願いに応えて「知恵に満ちた聡明な心」(同三・一二)を与えてくださったように、そのような祈りをささげてくれたのでした。それ以来、僕にとっても「『洞察力』と『判断力』をお与えくださいと」との願いは日々の祈りとなっています。

もう一つには、そうした神学的思考が発動しはじめ、自分の視座の置きどころが定まり、見るべきものを広く深く洞察し、それによって自分の立ち位置をどこに置くかの判断をすることができるようになってきたことで、今度はそれによって自分は実際にどのように行動し、具体的に何を発言すべきかという、身体を伴うレベルのところでの「決断」ができるようになってきたという手応えでした。

かつて渡辺信夫先生がある講演の中で、一六世紀の知識人エラスムスやルフェーブル・デタープルたちとルターやツウィングリ、カルヴァンら改革者たちの生き方を分けたものは何であったか、という問いに対して「決断する人であったか否か」と答えられたことがありました。この「決断の有無」がカトリック内部に留まったまま体制批判に終始した人と、決断して新たな教会建設へと向かった人との違いだ、ということです。「それほど事柄は単純ではない」という声もあるでしょうが、僕はこの「決断」の有無に一つの本質的な動機があったと思います。

いつの時代にも、どっちつかずの「中間派」、批判はするが行動には出ない「中間派」、ひとまず両方の言い分に耳を傾けても態度保留のまま立ち続ける「中間派」は存在します。しかし僕の中では「洞察」、「判断」に加えて、ことばや行動など「身体を伴うレベルのところでの〝決断〟ができるようになってきた」という手応えは大きなものでした。もちろんそれでも不十分であり、不徹底であり、また見込み違いや判断ミス、見通しの誤りはついて回ります。最後までやり通せずに諦めたり、中途半端なままフェードアウトしてしまったりしたような経験もあります。何かの成功談のような話は一つもありません。

しかし僕にとっては四〇代半ばを過ぎて、ようやく、あの若いときの悩みの中で教えられた「神学的意識ばかり先走っても何にもならない。歴史的知識を蓄積せよ。知識が一定量以上に達してはじめて、神学的思考は作動しはじめるのだ」ということばが少しずつ自分の身に着いてきたという感覚、「神学的思考の発動」の微かな手応え、そして一八歳のときに読んで心に留まった「わたしたちの『教会論入門』のすわって論じておれる部分はここで終わります」に対して、「立ち上がり、歩き出し、走りながら考え、論じ、実践する教会論」の始まりを感じるようになったのです。

②『教会に生きる喜び』の取り組み

このように作動し始めた「神学的思考」と、それによって「実践してきた」教会論の姿を具体的に表現したのが、二〇一八年に教文館から出版した『教会に生きる喜び――牧師と信徒のための教会論入門』でした。この本の成り立ちは同書の「あとがき」に記していますが、当時、お茶の水に月に一度、一〇名ほどの牧師、編集者、超教派伝道団体のスタッフが集まって勉強会を開いていました。中身は一人の人が準備してきた、やがて本にするつもりの草稿を皆で読み、検討するというもので、その成果の第一号が、大嶋重徳先生の『自由への指針――今を生きるキリスト者の倫理と十戒』(教文館、二〇一七年、改訂新版、二〇二三年)、第二号が僕の本、そして第三号が山﨑龍一氏の『教会実務を神学する――事務・管理・運営の手引き』(教文館、二〇二一年)です。

二〇一五年から二〇一七年までの約二年間、毎月、集まってくださる仲間たちが草稿に耳を傾け、あるときには率直かつ建徳的に意見を述べ、あるときには厳しくダメ出しもされ、あるときは同じ章を三度も書き換えて、という作業を重ね、さらに最後の一年で仕上げをしてようやく出版にこぎ着けたのでした。このとき、自分に課した課題が二つありました。一つは「自分が経験したことを書く」ということ、もう一つが「すわって論じておれる教会論」で終わらないものを書くということでした。

一つ目の「自分が経験したこと」とは、単なる個人的経験ということでなく、それこそ「自分たちが経験したこと」すなわち「教会的な経験」です。私がお仕えした教会のメンバーであれば、おそらく、この本に登場するエピソードが「あのこと、このこと」とすぐに思い当たるものばかりだと思います。つまり教会を「抽象的」にでなく、できる限り具体的に、リアリティーを伴うものとして論じたかったのです。また二つ目の「座って論じておれる教会論」で終わらない、というのは、まさに教会のリアリティーの問題で、教会というものが、創造から終末にまで貫かれる「神の救いのみこころの前進」の最前線に生かされ、神の国の完成と成就を目指して、今日も歩んでいる、しかもリズムよく、テンポよく、というときだけでない、むしろ右往左往し、立ち止まり、後退し、匍匐前進するなものであっても、とにかく確実に昨日よりは今日、今日よりは明日へと、「御国が来ますように」と祈りつつ歩んでいるというリアリティーをことばにしたいと願ったのです。

それがどれだけ実現したかはわかりませんが、おかげさまでこの本は多くの読者を得て、二〇二三年秋の段階で第四版まで続いており、この本の主題で講演をする機会は今でも年に数回あります。そこで嬉しいのは、講演後に参加者の皆さんがそれぞれご自身の経験してこられた「教会に生きる喜び」を分かちあっておられる姿を目の当たりにすることです。

加藤常昭先生がこの本を「喜びのパースペクティヴにおける教会論」(『本のひろば』二〇

一九年六月号）と評してくださいましたが、そのように読んでくださったことは本当に嬉しく、光栄なことでした。

③神学的思考を支える土台の確立

こうして考えてみて気づかされ、感謝させられるのは、四〇代半ばになって僕なりの「神学的思考」が動き出すことを可能にしたのは、知識と経験の蓄積と実践のみならず、自分がこれまでに教えられてきたことが自分の足下で神学的思考を支える土台として踏み固められ、確立されたからこそという事実です。

この土台としての決定的な役割を果たしたのが、かつて神学校の授業で学んだことばが次々と書物になって刊行されたことでした。神戸改革派神学校元校長の牧田吉和先生と前校長の市川康則先生による『改革派教義学（全八巻）』の刊行です。

牧田吉和『改革派教義学1　序論』（一麦出版社、二〇一三年）、同『改革派教義学2　神論』（同、二〇一四年）、市川康則『改革派教義学3　人間論』（同、二〇一二年）、牧田『改革派教義学4　キリスト論』（同、二〇二二年）、同『改革派教義学5　救済論』（同、二〇一六年）、市川『改革派教会論6　教会論』（同、二〇一四年）、牧田『改革派教義学7　終末論』（同、二〇一九年）、別巻として市川『弁証学』（同、二〇一五年）という、二〇一二年から二

〇二二年までの足かけ一〇年にわたるプロジェクトでした。

一つの巻が刊行されるたびにメッセージを添えて贈ってくださり、それこそ「まえがき」、「あとがき」、「目次」を読んでから本文を読み始め、教室で熱の籠もった講義を聴いていた頃を思い出し、またその後に加えられた種々の論考に教えられながら読み進めていきました。これらの著作によって自分自身の神学的土台が固められたことを思うと両先生方には感謝してもし尽くせない思いです。

第二節　神学的思考の構築

①神学的思考の構築にあたって

僕自身は日本同盟基督教団という、いわゆる「福音派」と呼ばれるグループに属する教団の牧師ですが、これまで述べてきたように、自らの神学的土台とその上での神学的思考の構築の主要な柱は、カルヴァンをはじめとする改革派神学、信仰告白的教会形成、カール・バルトを始めとする「神の言葉の神学」が軸になっています。「それでも福音派か！」と後ろから矢が飛んでこない訳でもありませんが、神学的実存の置きどころは明確にしておく責任があると思います。

その上で、自分の神学的思考を構築するにあたって、この時期に主要な柱となった重要な書物が、東北学院大学名誉教授、教義学者の大崎節郎先生編集による『改革派教会信仰告白集（全六巻＋別巻）』（一麦出版社、二〇一一―二〇一三年）の刊行です。これは信条を学ぶ者にとっては「記念碑的」な書物であり、これが実現したことは「快挙」というほかない重要なものです。

日本のルーテル教会にはすでに『一致信条書』信条集専門委員会訳（聖文舎、一九八二年）、後に新装版として『一致信条書――ルーテル教会信条集』（教文館、二〇〇六年）がありますが、「改革派教会」のものは、いくつかの信条集は翻訳されていたものの、一五三〇年代初期から現代に至るまで、ヨーロッパ各地からアジア、アフリカ、日本に至るまで、実に一〇九の信仰告白文書が収められた包括的なものは初めてであり、各文書には訳者による解説も付されています。

これまで原典か英訳でしか読むことのできなかった諸文書を日本語で読めるというのは、語学力に乏しい僕のような存在には本当にありがたいことでした。特に本邦初訳のものは一通り読んで、新しい発見もありましたし、これまで数多く訳されていたメジャーな文書は各翻訳の比較ができます。ちょうど聖書の各翻訳を読み比べることが釈義の第一歩だとすれば、それと同じような作業に日本の信条研究も近づける強力な道具が手に入ったことになるのです。

こういう本はどれだけ値が張ろうとも「出会うべくして出会った」本であり、「絶対に手に入れる」リストの上位で、それを逃すとすぐに絶版になり、後になって欲しくなっても手に入らない可能性の高いものですから、こういう場合は潔く「決断」して、さっそく予約申し込みをしました。

②神学的思考の構築を助け、支えてくれたもの

さらにこの時期、僕の神学的思考が構築されていく上で、大いに助けとなり、支えとなったのが大崎節郎先生の書物です。大崎先生と言えばゲッティンゲン大学で教義学を学ばれ、近代プロテスタント神学と特にカール・バルトの専門家にして多くの著訳書を著され、日本を代表する教義学者のお一人です。僕は大崎先生とは一面識もない者ですが、神戸時代に先生の著書『神の権威と自由』(日本キリスト教団出版局、一九八二年)を読み、その精緻な神学的思考と方法論、厳格な用語の定義や使用法に大変教えられました。

それで二〇一五年から刊行が始まった『大崎節郎著作集(全七巻)』(一麦出版社、二〇一五—二〇一六年)の出版を知ってさっそく買い揃えることにしました。特に『大崎節郎著作集第一巻　教義学論文集1』(同、二〇一五年)の本著作集のために書き下ろされた「使徒信

条講解（教義学要綱）」は非常に読み応えの大きなものでしたし、第二巻に収められた論文「ハイデルベルク教理問答と教義学方法論」は大崎先生の神学的思考と方法論のエッセンスがあらわれたものと思います。

また第五巻の「カール・バルト関係」に収められた初期バルトの説教理解やボンヘッファーとの関連、シュトゥットガルト宣言に関する論文や、日本の代表的神学者とバルトの関係を考察する論文は、先生のバルト研究者としての洞察が示され、第六巻の「実践神学関係」に収められた教会論、礼拝論、説教論、礼典論などの論文や講演は、教会の学として神学の性格をあらわすものとして、さまざまに教えられました。その他、説教や大学での講話など、直接先生を存じ上げない僕でも、そのお人柄が伝わってくるようなあたたかみを感じることができました。

③より広く、より深く、より確かに、そして柔軟かつ的確に

自分自身のうちに神学的思考が発動するための土台が据えられ、実際にその土台の上で日々生じてくるさまざまな課題と取り組み、洞察し、判断し、実践して行くためには、一つ一つの課題をそれぞれ、その事柄に即して判断し、実践する態度が求められます。

しかしそういったものは一朝一夕で出来上がるようなものでなく、また単に経験さえ積

み重ねれば身に着くというものでもありません。「これで自分は出来上がった」などと勘違いせずに、より謙虚にされ、一人の学徒としてさらに学び続けることが必要になるでしょう。僕なりの経験を加味して言えば、真の意味で「神学する」ことの始まりは「いよいよ、これから」、とさえ思えるのです。少なくとも僕の場合は一八歳で神学校に進み、二二歳で教会の現場に遣わされ、それから二三年ほど、つまり二二歳で伝道者として立つまでに生きてきた時間とほぼ同じぐらいの時間をかけて、ようやく自分なりの神学的な歩みが始まったと言えるかもしれません。

自分自身の神学的思考と実践がさらに確かにされていくには、より広く事柄を見つめ、より深くその事柄の理解を深め、より確かにその事柄の本質を見極め、そして事柄に対して柔軟に、かつ的確に判断し、行動することのできる神学的な総合力が求められます。そうした神学的な総合力を身に着けるためには、強靱で忍耐強く、ぶれることのない思考力と、膨大な歴史的・教理的知識と理解、ダイナミックで独創的な発想、そしてそれを現実の世界と切り結ぶリアリティーが必要だとも思います。

しかしながら、こうしたものは持ち合わせている人は実にまれなことで、それはやはり「神の賜物」としか表現しようのないもののように思います。ですから僕にできるのは、できる限りその様な人の後にピタリとくっついてその人から学ぶ、ということになるでしょう。そしてそのような希有な賜物を神から選ばれ授けられた人は、たとえばオリゲネスであったり、アウグスティヌスであったり、トマス・アクィナスであったり、ルターやカルヴァンであったり、シュライアマハーであったりと、長い歴史の中でも数えるほどの人々であり、その一人に二〇世紀最大の神学者カール・バルトを加えることに異論は出ないでしょう。バルト自身は「選びの教理」を嫌いましたが、しかし彼は間違いなく「選ばれた人」の一人だと言えるでしょう。

バルトの神学の中身についてはさまざまな議論がありますし、批判すべき点、受け入れ難い主張があることは事実です。また生身の罪ある人間ですので、初期バルトから後期バルトまで、当然ながら思考の変化もあります。そして立派な神学を打ち立てた人間が必ずしも聖人君子ではないように、彼と妻ネリと秘書キルシュバウムの難しい事情も明らかになってきています。それらを踏まえた上で、そして彼の神学に対する態度と評価がどのようなものであれ、彼から学ぶべきものが数多くある、と言う点においては異論がないと思います。

僕自身も吸って育ったかつての福音派の空気は「バルトなどとんでもない」、「バルトは読んではいけない」というものでした。「読まずに批判するのはフェアではない」とどこかで思いつつ、しかしきちんと読んだことのある本は一冊もないまま牧師になりました。

そんな僕にとってのバルトとの出会いは、やはり神戸時代、「教養学者バルト」というよりも「説教者バルト」の姿に触れ、説教の神学としてバルトの神学を読むことが相応しいのではないかと思うようになったことがきっかけでした。またドイツ告白教会闘争に関心を持っていましたので、当然ながら、『バルメン宣言』を始め、一九三〇年代初期のバルトの講演、論文、「今日の神学的実存！」（一九三三年）や「決断としての宗教改革」（同年）、「啓示・神学・教会」（一九三四年）、「証人としてのキリスト者」（同年）、「福音と律法」（一九三五年）その他から教えられ、刺激を受けました。

井上良雄先生訳の『教義学要綱』や加藤常昭先生訳の『福音主義神学入門』から始まって、やがて『カール・バルト著作集（全一七巻）』（新教出版社、一九六八―二〇〇七年）を入手し、主な著作や論文を読み始めました。また先にも触れたように『教会教義学（全三六巻）』（新教出版社、一九五九―一九九五年）も思いがけず頂戴することができ、雨宮栄一、大崎節郎、小川圭治監修『カールバルト説教選集（第一期全一二巻）』（日本キリスト教団出版局、一九九一―一九九五年）、『カール・バルト説教選集（第二期全六巻）』（同、二〇〇〇―二〇〇五年）も中古で手に入れることができ、その他の平凡社ライブラリー版の『ローマ書講解（上・下）』小川圭治・岩波哲男訳（平凡社、二〇〇一年）、新書や単行本、またエーバハルト・ブッシュ『カール・バルトの生涯 1968-1968』小川圭治訳（新教出版社、一九八九年）、宮田光雄『カール・バルト――神の愉快なパルチザン』（岩波現代全書、二〇一五年）など数多くある研究書の中からも主なものは手もとに揃うようになりました。

バルト神学全体を理解する上では、エーバハルト・ブッシュ『バルト神学入門』佐藤司郎訳（新教出版社、二〇〇九年）、福嶋揚『カール・バルト――未来学としての神学』（日本キリスト教団出版局、二〇一八年）や、僕の関心からでは佐藤司郎先生の『カール・バルトの教会論――旅する教会』（新教出版社、二〇一五年）、『カール・バルトとエキュメニズム――一つなる教会への途』（同、二〇一九年）、そして膨大な『教会教義学』を読む上での最新にして現時点で最上の手引きが、寺園喜基先生の『カール・バルト《教会教義学》の世界』（新教出版社、二〇二三年）でしょう。

④天野有先生のこと

バルトについてさまざまに記してきましたが、最後にどうしても触れておきたいのが、未完の『バルト・セレクション』（新教出版社）についてです。西南学院大学の天野有先生によるバルトの重要な論文、講演、説教その他の翻訳プロジェクトで、全七巻になる予定でした。そのうち『バルト・セレクション1　聖書と説教』（新教出版社、二〇一〇年）、『バルト・セレクション4　教会と国家Ⅰ』（同、二〇一一年）、『バルト・セレクション5

教会と国家II』（同、二〇一三年）、そして四冊目の『バルト・セレクション6　教会と国家III』（同、二〇一八年）が出たところで、訳者の天野有先生が二〇一八年一〇月一七日に、六二歳の若さで癌のために召されてしまいました。

僕は天野先生とは残念ながら生前に直接お会いできなかったのですが、先生のお母さまが板橋のバプテスト教会におられた関係で、間接的に繋がっているという感じでした。しかしそんな僕にあるとき、新教出版社の小林社長から連絡があり、『バルト・セレクション4　教会と国家I』の「本のひろば」への書評のご依頼を受けました。天野先生からのご指名だとうかがって、驚きつつも断る理由もなく、震災支援で多忙な中でしたが懸命に読んで原稿をまとめたことを思い出します。少し長いですが、そのときの下書き原稿を以下に引用します。

バルトの言葉を「文庫で」読める。しかも優れた目利きによって選び出され、訳し直された珠玉の選集として。まずこのことを感謝したい。しかし「文庫で」とは「手軽に」ということを意味しない。むしろそれは「友よ、われわれは、霊的に、そしてまさにそのような仕方でこそリアルに考えようではないか！」（「今日の神学的実存！」四一五頁）との言葉に導かれ、教会が生かされている現実の生の只中で、事柄への神学的な認識を問われ、事柄を問う自らの神学的な実存を問われ、それによって自らの信仰の決断を促されるような、まことに真剣な営みを意味する。

全七巻のセレクションのうち、「教会と国家」には三巻が振り分けられており、第四巻となる本巻には一九一〇年代の、若干二五歳の時になされた「イエス・キリストと社会運動」から始まって宗教社会主義から弁証法神学へと進む時代の、いずれも若き日のバルトの講演が四つ、さらに一九三〇年代初頭の、ナチズムとの戦いののろしをあげた「今日の神学的実存！」を含む論文、講演が四つの、計八編が収められている。特に後半の四編は、いずれも教会闘争の時代の中で、いかにバルトが強靱な信仰と思索をもって神学に集中し、それをもって時代の中でキリストの主であられることを告白していったかを如実に示しており、読む者の心に迫ってくる。

評者には訳文を云々する力はないが、訳者の天野教授がどれほどテキストを深く丁寧に読み、咀嚼し、的確な訳語をもってこれを読者のもとに届けてくださっていることか。第一巻の『聖書と説教』と同様、一見すると煩雑に見える数々の訳者の挿入も、実際に本文を読み進めていけば、これらの挿入のおかげでバルトの言わんとするところが実によく分かってくる（とはいえ、訳者の言われる（編訳者あとがき五三七頁）ように「社会の中のキリスト者」には幾度も頭を抱え込んだが）。バルトとはおよそ縁遠い福音派の教会で生まれ育った評者がかつて説教の問題で悩み、再び学びの場に戻った時、数人の仲間たちとともに恩師の手引きでバルトの「教義学要綱」を学んだ時期があった。その時に、しばしば「ここでの『それ』は何を指しているか」という質問を投げかけられたことを思い出す。数々の指示代名詞が何を指しているのか、議論の本筋がどこにあるのか、一人ではなかなか読み解けないような評者でも、さながら良き師の手引きを受けてバルトを読み進めることのできるような行き届いた訳文である。また、これも本セレクションの特色である詳細な訳注も、一つ一つ決して読み飛ばすことのできない貴重な情報や示唆が詰まっている。例えば、「神の義」に付せられた注（21）、（24）、（30）、（34）や、「今日の神学的実存！」の注（1）などは戦時中の日本の教会のバルト受容の傾向を示すものとして興味深い。

さらには「編訳者あとがき」を読むのも喜びの一つである。訳者の天野教授とは一面識もない一介の牧師であるが、先生のこの訳業に注いでおられる情熱と使命感を知る時（編訳者あとがき五四二頁）、全七巻の完結のために思わず祈らないではおられない、そんな思いにさせられる（天野先生、訳業の完成のため祈っております）。

最後に、評者は本巻の最後に収められた講演「決断としての宗教改革」を、立ち上がって声に出して朗読してみた。第一巻の説教が日本語でありながらまるでバルトが語っているようだと、かつてある講演会で宮田光雄先生が言っておられたのを思い出してのことである。説教ではないが、講演もまた実際に語られたものであるから、自分も声に出して読んでみようと考えたのである。バルトの生の声も知るよしもない者が、狭い教会の牧師室において声に出してバルトの講演を読む。自分で考えてもちょっと恥ずかしいことであったが、これが評者にとって一つの忘れがたい出来事となった。三月一一日の震災後、所属教団で震災対策の実務を担うことになり、東北と東京とを駆け回る中でしばしば疲れを覚え、言葉を失うような思いを抱いていた自分自身の深いところから、確かな力が漲ってくることをはっきりと経験することができたのである。このような言葉との出会いが与えられたことを深く感謝したい。

こんな拙い読書感想文のような原稿でしたが、驚いたことに二〇一三年に出た『バルト・セレクション5　教会と国家Ⅱ』の「あとがき」で幾人かの書評者について触れたあとに、こう記してくださっていたのです。「そして最後に、朝岡勝牧師（日本同盟基督教団徳丸町キリスト教会）による『現実の生のただ中から発せられた神学的認識』（「本のひろば」二〇一一年九月号）である。……評者は……その数カ月前に起こった東日本大震災という、それ以来私たちに共通の歴史的社会的政治的文脈となった出来事との繋がりにおいて論じてくださっている」。

　このような優れたバルト研究者・訳者を失ったことは、日本の神学界においてどれほどの損失かと思います。ときどき主は、そのようにして僕のような凡人を生きながらえさせ、主のお役に立つ器を取られる。いったいなぜなのだろうかと思えてなりません。

　もう一つ、二〇二〇年にバルトの『教義学要綱』の新しい翻訳が出ました。『教義学要綱　ハンディ版』（新教出版社、二〇二〇年）です。井上良雄先生の翻訳が出たのが一九五一年ですから、実に七〇年ぶりの改訳ということになります。「ハンディ版」というとおり、手にしやすいコンパクトな造りになっています。そして訳者欄には「天野有・宮田光雄訳」となっています。

　事前に宮田先生に、出版を心待ちにしている旨をしたためたお手紙を送ると、お返事とともに同書のために書かれた「あとがき」の草稿を同封してくださいました。準備されていた天野先生の訳稿の緻密さ、新たな訳語の選定の適切さに驚きながら、宮田先生がその雰囲気を残しつつ、さらに徹底して訳文を検討された経緯を読み、心打たれつつ出版を心待ちにしていたものなので、実際に刊行された本が手もとに届いたときは感無量でした。

第六章　この間に出会ってきた本たち

ここでは、僕が四〇代後半から五〇代半ばになるまでの間（二〇一七年から二〇二四年現在）に出会ってきた本を、少しランダムに羅列してみたいと思います。すでに登場した本と一部重複していたり、この時期に読んだ本でも既出の場合があったりすることをご容赦ください。

第一節　二〇一七年から二〇一八年の読書

①二〇一七年の読書

二〇一七年に読んだ本で印象深いのは、神学書では神戸改革派神学校校長の吉田隆先生の『カルヴァンの終末論』（一麦出版社、二〇一七年）、ルードルフ・ボーレン先生の書斎姿の表紙が美しい『神が美しくなられるために――神学的美学としての実践神学』加藤常昭訳（教文館、二〇一六年）、ずっと積ん読状態で、ようやく読めたクリスティアン・メラー『慰めのほとりの教会』加藤常昭訳（同、二〇〇六年）、カトリック界を越境する神学者ハンス・キュンクの『キリスト教は女性をどう見てきたか――原始教会から現代まで』矢内義顕訳（新教出版社、二〇一六年）、同『キリスト教思想の形成者たち――パウロからカール・バルトまで』片山寛訳（同、二〇一七年）など。

日本のキリスト教史との関連では鈴木範久先生の『聖書を読んだ30人——夏目漱石から山本五十六まで』（日本聖書協会、二〇一七年）、最初の赴任先の岡山で出会ったときは高校生だった、関西学院大学教授、赤江達也氏の『矢内原忠雄——戦争と知識人の使命』（岩波新書、二〇一七年）、そしてキリスト者として戦争を生きた渡部良三氏の『歌集　小さな抵抗——殺戮を拒んだ日本兵』（岩波現代文庫、二〇一一年）。

社会問題関連では、関東大震災と朝鮮人虐殺を描いた加藤直樹『九月、東京の路上で——一九二三年関東大震災ジェノサイドの残響』（ころから、二〇一四年）、ヘイト問題を追い続ける神奈川新聞「時代の正体」取材班編『ヘイトデモをとめた街——差別は人を殺す——川崎・桜本の人びと』（現代思潮新社、二〇一六年）、震災後の日本の課題を俯瞰的に捉えた、マサチューセッツ工科大学リチャード・サミュエルズ教授による『3・11震災は日本を変えたのか』プレン南日子、廣内かおり、藤井良江訳（英治出版、二〇一六年）などです。

②二〇一八年の読書

二〇一八年に読んで印象深いのは、キリスト教書では書評を書かせていただいた左近豊先生の『エレミヤ書を読もう——悲嘆からいのちへ』（日本キリスト教団出版局、二〇一八年）、天皇制を正面から批判する松谷好明先生の『キリスト者への問い――あなたは天皇をだれと言うか』（一麦出版社、二〇一八年）、これを文庫で手にできるとは思わなかった『七十人訳ギリシャ語聖書　モーセ五書』秦剛平訳（講談社学術文庫、二〇一七年）、読んだというより「底値」で入手した『関根正雄著作集（全二〇巻）』（新地書房、一九七九―一九九〇年）、特にローマ書の説教中だったので第一八巻から第二〇巻の『ローマ人への手紙講解（上・中・下）』には本当にお世話になりました。ケーゼマン、ウィルケンスと比較しつつ、実に素朴で実直な信仰の姿勢が表れた、僕にとっては関根先生のイメージを覆した読書でした。

宮田光雄先生の『ルターはヒトラーの先駆者だったか――宗教改革論集』（新教出版社、二〇一八年）は、同書に収められた講演「ルターとヒトラー」をかつて聞いたので、待ち焦がれていたものでした。またかつて「100分de名著」で内村の「代表的日本人」を取り上げた若松英輔さんの『内村鑑三――悲しみの使徒』（岩波新書、二〇一八年）、キング牧師没後五〇年の年にアメリカ中西部を巡ったことで、あらためて黒人神学について教えられたジェイムズ・H・コーン『十字架とリンチの木』梶原壽訳（日本キリスト教団出版局、二〇一四年）、神田外大教授の黒﨑真氏による『マーティン・ルーサー・キング――非暴力の闘士』（岩波新書、二〇一八年）、『アメリカ黒人とキリスト教――葛藤の歴史とスピリチュアリティの諸相』（ぺりかん社、二〇一五年）。

さらに、綿密な校閲による修正と未公表部分も収録した高倉の日記の決定版、秋山憲兄編『高倉徳太郎日記』（新教出版社、二〇一五年）。雑誌『共助』に寄せられた小塩節先生による「新刊紹介」の次の一文は、涙無しには読めないものでした。

「春浅い日に、私はいただいたこの一冊の部厚い本を三日かけて読み終えました。その夜、眼鏡をはずして両の手を目に当て、瞼をもんで休めようとしたのですが、指の間、掌の下から涙があふれ出てとまりません。暁方、ようやく床に入っても涙は止まりませんでした。生まれて初めての経験でした。それには少なくとも三つの理由があったようです。第一には、日本でキリスト者であるとは、何と難しいことか。第二に、牧師とは何と責任重く、困難な使命であることか。そして第三に、神経が過労のあまり痛み切って、ついには『死への疾走』となっていくこの人の最期。それが悲痛でした」。

その他、東独で牧師の娘として育ったメルケルさんの信仰が証しされた良書、アンゲラ・メルケル、フォルカー・レージング編『わたしの信仰——キリスト者として行動する』松永美穂訳（新教出版社、二〇一八年）、「うんうん」と頷きながら、一九九五年を思い出しながら読んだ『中井久夫集5　執筆過程の生理学 1994-1996』（みすず書房、二〇一八年）、前書に解説・エッセイを執筆された最相葉月さんの『れる　られる』（シリーズここで生きる）』（岩波書店、二〇一五年）、前年からの話題の一書だった國分功一郎『中動態の世界

――意志と責任の考古学』（医学書院、二〇一七年）、勧められて手にしたカロリン・エムケ『憎しみに抗って――不純なるものへの賛歌』浅井晶子訳（みすず書房、二〇一八年）。

憲法に関するものとして新井勝紘『五日市憲法』（岩波新書、二〇一八年）、内田博文『治安維持法と共謀罪』（岩波新書、二〇一七年）、治安維持法の専門家、荻野富士夫氏の『よみがえる戦時体制――治安体制の歴史と現在』（集英社新書、二〇一八年）、当時、地元の方々と月に一度、読書会をした中村くみ子編著、伊藤朝日太郎監修『憲法ドリル　憲法って何？　がわかる！　現代語訳日本国憲法』（高文研、二〇一八年）。実際に条文を漢字穴埋め問題で書いてみたり、各章毎に練習ドリルがついていて皆でわいわいと取り組んだりした、楽しく学べる一冊でした。

個人的な趣味では、俳優トム・ハンクスの初短編集『変わったタイプ』小川高義訳（新潮社クレストブックス、二〇一八年）。この本を読んで、トム・ハンクスがタイプライター収集家であることを知りました。「マンスプレイニング」ということばを生み出した、レベッカ・ソルニット『説教したがる男たち』ハーン小路恭子訳（左右社、二〇一八年）、最後はネットラジオ番組「What the Pastors!!」から生まれた、朝岡勝・大嶋重徳『教えてパスターズ!!』（キリスト新聞社、二〇一八年）。学校の図書室に入れてくれたところもあったと聞いて恐縮しつつも嬉しい一冊でした。

第二節　二〇一九年から二〇二〇年の読書

①二〇一九年の読書

二〇一九年に読んで印象に残った書物を紹介します。まずキリスト教関係では、恩師にして東京基督教大学初代学長の丸山忠孝先生がシアトルの地から書かれた『十字架と桜――キリスト教と日本の接点に生きる』（いのちのことば社、二〇一九年）、東京基督教大学の卒業生で、白浜で今日も誰かを助けている藤薮庸一牧師の『あなたを諦めない――自殺救済の現場から』（いのちのことば社、二〇一九年）、いつも新鮮な視点を教えられる青山学院大学の宗教主任、塩谷直也先生の『視点を変えて見てみれば――一九歳からのキリスト教』日本キリスト教団出版局、二〇一九年）、関根清三先生による内村論、『内村鑑三――その聖書読解と危機の時代』（筑摩選書、二〇一九年）、盟友にしてこの人にしか書けない大嶋重徳先生の『若者に届く説教――礼拝・CS・ユースキャンプ』（教文館、二〇一九年）、同じく盟友、オランダで修士号を取得した石原知弘先生の『バルト神学とオランダ改革派教会――危機と再建の時代の神学者たち』大森講座XXXIII（新教出版社、二〇一九年）。また、なかなか手にできずにいたアメリカの名説教者トーマス・G・ロングによる『歌いつつ聖徒らとともに――キリスト者の死と教会の葬儀』吉村和雄訳（日本キリスト教団出版局、二〇一三年）を手にすることができたのは幸いでした。

その他、印象深いのは、この書をきっかけにお交わりをいただくようになった、中村佐知さんの『隣に座って――スキルス胃がんと闘った娘との一一か月』（いのちのことば社、二〇一九年）、牧師もある種の「在野研究者」だと共感をもって読んだ、荒木優太『在野研究ビギナーズ――勝手に始める研究生活』（明石書店、二〇一九年）、『これからのエリック・ホッファーのために――在野研究者の生と心得』（東京書籍、二〇一六年）、天皇代替わりが話題になりつつある中で読んだ、ケネス・ルオフ『国民の天皇――戦後日本の民主主義と天皇制』高橋紘監修（岩波現代文庫、二〇〇九年）、当時の教会員、松永美穂さんが登場し、教会でも講演をしてもらった『シュピリ「アルプスの少女ハイジ」二〇一九年六月（NHK100分de名著）ムック』（NHK出版、二〇一九年）などです。

②二〇二〇年の読書

二〇二〇年に入り、コロナ禍が本格化する中で、読書によって支えられたという実感があります。

この時期、遅ればせながら読み、大いに揺さぶられ触発された栗林輝夫先生の『荊冠の神学――被差別部落解放とキリスト教』（新教出版社、一九九一年）、黒人神学者ジェイムズ・コーンの『誰にも言わないと言ったけれど――黒人神学と私』榎本空訳（新教出版社、二〇二〇年）、コロナ禍の意味を考えつつ読んだジョン・クロード・ラルシェ『病の神学』二階宗人訳（教友社、二〇二〇年）、チューリヒのフラウミュンスター教会のニクラウス・ペーター牧師の日本語に訳された二冊目の説教集『さまよう羊――ヤコブとルツの物語』大石周平訳（一麦出版社、二〇二〇年）。これは訳者の大石牧師からどういうわけか推薦のことばを書くように求められ、ニクラウス先生からもご丁寧な挨拶をいただいた光栄な一冊です。また毎年、アドベント前には一冊、関連する説教集を買い求めるのですが、この年はトーマス・ロング『何かが起ころうとしている――アドヴェント・クリスマス説教集』平野克己・笠原信一訳（教文館、二〇一〇年）でした。

その他には、以前から数冊読んできた哲学者、森岡正博氏の『生まれてこないほうが良かったのか？』（筑摩選書、二〇二〇年）は「反出生主義」についてさまざまに考えさせられた一冊です。また出れば読むようになったレベッカ・ソルニット『それを、真の名で呼ぶならば――危機の時代の言葉の力』渡辺由佳里訳（岩波書店、二〇二〇年）、注目する人のひとり、伊藤亜沙さんの『手の倫理』（講談社選書メチエ、二〇二〇年）、大嶋裕香さんの『絵本へのとびら』（教文館、二〇二〇年）です。そして特に印象に残ったのが、3・11から一〇年を前にして出された、吉田千亜『孤塁――双葉郡消防士たちの3・11』（岩波書店、二〇二〇年）です。あの日、あの人たちはどのような思いを抱き、どのような使命感で、どのように動いたのか。読みながら心拍数が上がるような緊張を覚えた読書でした。

また、この年に集中して、故左近淑先生の説教や論文を読みました。ずいぶん古書で集めていること、『左近淑著作集（全五巻＋別巻）』（教文館、一九九二―一九九八年）を手に入れたことなどを、ご子息で旧約学者の豊先生が喜んでくださったことを覚えています。

第三節　二〇二一年から二〇二二年の読書

①二〇二一年の読書

コロナ禍で巣ごもり状態が続いたこの時期は、特にたくさんの本を読みましたが、あわせて二〇二一年は東京から千葉への引っ越し、それに伴う大量の蔵書の処分などがあった忘れられない年です。

この年の本として筆頭に挙げたいのは、二〇二〇年六月に「香港国家安全維持法」が施行されたこと受け、香港のキリスト者たちと祈りにおいて連帯すべく、同年一〇月三一日に松谷曄介先生を代表に、一二人の牧師たちが呼びかけ人として始まった「香港を覚えての祈禱会」。その最初の出版物となったのが、松谷曄介編訳『香港の民主化運動と信教の自由』（教文館、二〇二一年）。歴史的な諸文書が翻訳され、松谷先生の詳細な解説、立教大学の倉田徹先生の論考、僕も「香港のバルメン宣言」と呼ばれた「香港二〇二〇福音宣言」についての小文を寄稿しました。

次は、日本同盟基督教団の教団史編纂委員会編集による『日本同盟基督教団一三〇年史』（いのちのことば社、二〇二一年）です。記念大会もオンライン開催となりましたが、このときに合わせて出版できたのは意義深いことでした。また『新版・教会暦による説教集』のクリスマス、イースターに続く、中道基夫編『ペンテコステからの旅路　新版・教会暦による説教集』（キリスト新聞社、二〇二一年）では三位一体主日の説教を寄稿しました。

また、カルヴァンの詩篇注解からカルヴァンの神学を浮かび上がらせるという凄い本を、石原知弘先生がオランダ語から訳してくれた、H・J・セルダーハウス『カルヴァンの詩編の神学』石原知弘訳（教文館、二〇二一年）、読んで感動を覚えたG・フォン・ラート『ナチ時代に旧約聖書を読む――フォン・ラート講演集』荒井章三編訳（教文館、二〇二一年）、非常にユニークかつ魅力的な取り組みの結実である、旧約学者魯恩碩先生の『ICU式「神学的」人生講義――この理不尽な世界で「なぜ」と問う』（CCCメディアハウス、二〇二一年）、以前は斜め読みで、こんどはきちんと再読した、クリスティアン・メラー『魂の配慮としての説教――一二の自伝的・神学的出会い』小泉健訳（教文館、二〇一四年）等は多く教えられた書物です。

その他には、一九九五年の神戸の震災関連で読んできた本の中でも感銘を受けた一冊が増補新版で出た安克昌先生の『増補新版　心の傷を癒やすということ』（作品社、二〇一九年）。中井久夫先生らと活躍し、震災から五年後の二〇〇〇年に肝細胞癌のため三九歳で亡くなった精神科医師を描く良書です。あわせて当人と生前から関わりのあった著者が、その生涯をあらためて著した、河村直哉『精神科医・安克昌さんが遺したもの――大震災、心の傷、家族との最後の日々と長く関わり』（作品社、二〇一九年）。そして詩人・谷川俊太郎さんの『どこからか言葉が』（朝日新聞出版、二〇二一年）、レベッカ・ソルニット『私たちが沈黙させられるいくつかの問い』ハーン小路恭子訳（左右社、二〇二一年）が印象に残っています。

②二〇二二年の読書

二〇二二年の読書では、神学関係では小学生の頃からお世話になり、神学を伝道と教会形成とを結びつけて実践しているお手本のような、水草修治先生の『新・神を愛するための神学講座』（地引網出版、二〇二二年）、こちらにも光栄なことに推薦のことばを書かせてもらいました。次に、これまた長い付き合いの青木義紀先生が専門の一七世紀プロテスタント正統主義について論じてくれた、『フランソワ・トレティーニの神論――その神学的内容とスコラ的方法論』大森講座XXXVI（新教出版社、二〇二二年）。浅野淳博先生からご恵送賜った、贖罪論に一石を投じる『死といのちのメタファー――キリスト教贖罪論とその批判への聖書的応答』（新教出版社、二〇二二年）、満を持して登場の袴田康裕先生『ウェストミンスター信仰告白講解（上巻）』（一麦出版社、二〇二二年）、栗林先生を近くで知るお二人の先生の編集による論集、西原廉太・大宮有博編『栗林輝夫セレクション1 日本で神学する』（新教出版社、二〇一七年）、大宮有博・西原廉太編『栗林輝夫セレクション2 アメリカ現代神学の航海図』（新教出版社、二〇一八年）。3・11以来、藤原淳賀先生の情熱で続いていると言ってもよい東日本大震災国際シンポジウムの二〇二二年二月開催の講演録、『大災害の神学』（キリスト新聞社、二〇二二年）、アリスター・マクグラスの主題講演をはじめ、多彩な各講師の発題とともに、若者たちの部で話した桜美林大学のジェフリー・メンセンディーク先生と僕の講演も収録されています。また「香港を覚えての祈禱会」の記録として朝岡勝・松谷曄介・森島豊編『夜明けを共に待ちながら――香港への祈り』（教文館、二〇二二年）も、実際の祈り会で語られたみことば、いのりが収められた貴重な一冊です。

これは必読と思うのは、平良愛香監修『ＬＧＢＴとキリスト教――二〇人のストーリー』（日本キリスト教団出版局、二〇二二年）、大嶋重徳『一〇代から始めるキリスト教教理』（いのちのことば社、二〇二二年）。コロナ禍で語られた二冊の説教集、奥田知志『ユダよ、帰れ――コロナの時代に聖書を読む』（新教出版社、二〇二二年）、平野克己『十字架上の七つの言葉――イエスの叫びに教会は建つ』（キリスト新聞社、二〇二二年）。平野先生の説教集は書評を書かせていただき、何度も読んで励まされました。

また一般出版社から出たものとして、小友聡先生の『絶望に寄りそう聖書のことば』（ちくま新書、二〇二二年）、旧約学の並木浩一先生と作家の奥泉光さんの『旧約聖書がわかる本――〈対話〉でひもとくその世界』（河出新書、二〇二二年）、奥泉さんはＩＣＵのご卒業で、並木先生の講義も聞いていたそうです。

奥泉さんつながりでは、奥泉光・加藤陽子『この国の戦争――太平洋戦争をどう読むか』（河出新書、二〇二二年）、さらに加藤陽子先生つながりで、加藤陽子『この国のかたちを見つめ直す』（毎日新聞出版、二〇二一年）、教会や大学の持つ公共性を考えるために読んだ、エリック・クリネンバーグ『集まる場所が必要だ――孤立を防ぎ、暮らしを守る「開かれた場」の社会学』藤原朝子訳（英治出版、二〇二一年）、ことばは過激だけれど言っていることは極めて真っ当な、北丸雄二『愛と差別と友情とＬＧＢＴＱ＋――言葉で闘うアメリカの記録と内在する私たちの正体』（人々舎、二〇二一年）、そしてちょっと変わったところでは「本を読む」を天職とし、校正という仕事の世界を見せてくれる牟田都子『文にあたる』（亜紀書房、二〇二二年）は興味深く読みました。

さらにこの年、TCUの学生たちのためにと、山口学長の思い入れによって作られ、無料配付された安積力也先生の講演、『〈出発する人間〉へ――何において〝自分を確かに〟するか』（東京基督教大学、二〇二二年）、「これは現代のC・S・ルイスだ！」と感動しつつ読んだ、内田和彦先生の『私たちは勇気を失いません――病と闘う青年に宛てた四一通の手紙』（いのちのことば社、二〇二二年）。本書は後に内田先生ご自身の声でこの手紙を朗読されるDVDが出て、それは耳から心に染み通るようなものでした。

そして二〇二二年のベストワンに選んだのが、榎本空さんの『それで君の声はどこにあるんだ？――黒人神学から学んだこと』（岩波書店、二〇二二年）。これは内容もすごいですが、僕にとってはそれと同じぐらい重要な「文体」にはまった一冊でした。凄い書き手が登場したなと。

第四節　二〇二三年から二〇二四年の今の読書

①二〇二三年の読書

二〇二三年は神学書関係は充実していました。まずは上巻に続く袴田康裕先生の『ウェストミンスター信仰告白講解（下巻）』（一麦出版社、二〇二三年）、そして世界的なウェストミンスター研究者、松谷好明先生の『〈ウェストミンスター信仰告白〉歴史的・分析的註解』（一麦出版社、二〇二三年）、さらに本城仰太先生の『使徒信条の歴史』（教文館、二〇二三年）、堀江洋文先生の『ハインリヒ・ブリンガー――ヨーロッパ宗教改革』（一麦出版社、二〇二三年）と歴史神学関係の充実ぶりが目を見張ります。

聖書学関係では、『安田吉三郎著作集』の刊行が始まり、その第一巻『創世記講義Ⅰ』（いのちのことば社、二〇二三年）が出ました。また浅野淳博先生の『新約聖書の時代――アイデンティティを模索するキリスト共同体』（教文館、二〇二三年）、山口希生先生の最新のパウロ研究史を分かりやすくまとめてくれた『ユダヤ人も異邦人もなく――パウロ研究の新潮流』（新教出版社、二〇二三年）、そして注解書では、何と言っても辻学先生の『現代新約聖書注解全書　牧会書簡』（新教出版社、二〇二三年）が歴史的なお仕事だったと思います。

カルト宗教問題に関わりの深い川島堅二先生、齋藤篤先生、竹迫之先生による『わたしが「カルト」に？——ゆがんだ支配はすぐそこに』（日本キリスト教団出版局、二〇二三年）は、「自分たちの教会は大丈夫」と思っているところこそ必読の書と思いました。またしばらく休刊中の『説教黙想・アレテイア』からは『説教黙想アレテイア叢書』として『三要文深読　十戒・主の祈り』、『三要文深読　使徒信条』（いずれも日本キリスト教団出版局、二〇二三年）の二冊が刊行され、僕もそれぞれに黙想を載せていただいています。

個人的に関わりの深い方々の著書では、東京基督教大学特任教授の山口陽一先生による『近代日本のクリスチャン経営者たち』（いのちのことば社、二〇二三年）、同教授の岡村直樹先生による『日常の神学——今さら聞けない　あのこと、このこと』（いのちのことば社、二〇二三年）、東京女子大教授で、約八分ほどのチャペル説教でこんなに豊かに語れるのだと驚いた、遠藤勝信先生の『愛の心を育む——大学チャペルでのキリスト教講話』（ヨベル、二〇二三年）、水草修治先生の『私は山に向かって目を上げる——信州南佐久における宣教と教会開拓』（地引網出版、二〇二三年）、高校時代からの兄貴分である中島学さんの『塀の中のジレンマと挑戦——矯正施設における刑法・少年法の影響と課題』（明石書店、二〇二三年）、そして、かつて岩手靖国訴訟の原告として闘った渡部敬直先生の若き日の著書『草の根の叫び——町のヤスクニ闘争の記録』を、娘の中西殉子さんが東奔西走して復刊を成し遂げた復刻版。これにも渡部先生への感謝を込めて一文を寄せました。

その他、印象に残った本と言えば、ふとしたことで知った、一九六〇年代のラディカルな聖公会司教マルコム・ボイドの『走者イエス』宇都宮秀和訳（新教出版社、一九七六年）、大船渡に向かう電車の中で読んだ、仙台で書店員を勤めながら芥川賞を受賞した佐藤厚志『荒地の家族』（新潮社、二〇二三年）、「ある国の人口の三・五％が非暴力で立ち上がれば、社会は変わる」と訴える、エリカ・チェノウェス『市民的抵抗――非暴力が社会を変える』小林綾子訳（白水社、二〇二二年）、若手社会学者が僕の郷里の、僕が生まれる年までの、知らなかったことを書いていた、清水亮『「軍都」を生きる――霞ヶ浦の生活史1919-1968』（岩波書店、二〇二三年）、どうしてあれだけの仕事ができるのかと舌を巻く、鈴木敏夫責任編集『スタジオジブリ物語』（集英社新書、二〇二三年）と、同じく鈴木敏夫さんの『歳月』（岩波書店、二〇二三年）。

最後は最相葉月さんの二冊。一冊は亡くなられた中井久夫先生との交流から生まれた『中井久夫――人と仕事』（みすず書房、二〇二三年）、もう一冊は全国一三五人のキリスト者にどうして救われたのかの聴き取りをし、全一〇九六頁にまとめられた画期的な書物、『証し――日本のキリスト者』（角川書店、二〇二三年）。幾人か知った名前が出てきて、感慨深く読みました。

②二〇二四年一―二月の読書

この原稿を書いているのは二〇二四年六月ですが、まずは今年の一月から二月にかけて読んだ本を紹介したいと思います。

実は、僕は昨年末から心身の不調を覚え、「うつ的傾向を伴う適応障害」との診断を受け、年が明けて一月、二月と休養を取ることになりました。今までにない経験で最初は落ち込む日々が続き、年明け早々は本を読む気も起こらず、毎日散歩をしていました。

その後、一月半ばから自宅を離れて、静かな場所で二月末まで一カ月半ほどの静養生活を送るようになってから、徐々に本を読む気力や集中力が戻ってきました。この間、午前中は勉強のために持参していた近藤勝彦先生の『キリスト教教義学（上・下）』、『キリスト教倫理学』、『キリスト教弁証学』を読み切ることができたのが、自分の回復具合を知る上で大きな励みになりました。

また気分が良ければ午前中にウォーキングがてら見つけたブックカフェで毎日のようにコーヒーと手作りクッキーを注文し、二時間ばかり持ち込んだ小説やエッセイを読む。そうでなければ早めの夕食後、ＢＧＭを流しながらゆったりとソファに身を沈めて読書に耽るというなんとも贅沢な時間を過ごしました。僕たち夫婦は二〇二三年が結婚三〇周年だったのですが、ドタバタ続きでほとんど何の記念も出来ずにいました。ところが僕が倒れたことで、思いがけず夫婦だけでゆっくりと過ごす時間が与えられたことは恵みだったと思います。

そんな中、朝食前に読み、慰められ、励まされたのが、若者向けのディボーションブック、hi-b.a.・川口竜太郎『Friends of God. いのちの糧366日』（いのちのことば社、二〇二四年）でした。不思議と竜太郎さんの引くみことばと短い勧めのことばが、その日その日の心境にスッと入っている感覚があり、よく食事を取り始めてから、朝に読んだ箇所の感想を語り合ったりもしました。

さて、この間に読んだ本は大きく分けて三種類です。一つ目は以前から好きな村上春樹の小説やエッセイで未読だったものを中心にしたもの、二つ目は今回、初めて読み始めた原田マハの小説。実は僕はかつて原田マハのお兄さんの原田宗典の小説と、特にエッセイが大好きでほとんで読んでいたのですが、覚醒剤と大麻の所持・使用で逮捕され、しばらく表舞台から消えてしまっていました。その妹ということで気にはなっていたのですが、滞在先の本屋さんで何気なく手にした文庫にハマり、そこから連日読み出したというわけです。そして三つ目が本屋さんの棚を眺めながらタイトルや装丁が気に入って手に入れたものです。こうやって普通の本屋さんで棚を眺めて本を選び、買って帰るというのが実に久しぶりで新鮮な経験でした。

静養先で最初に手にしたのは池澤夏樹さんの『また会う日まで』（朝日新聞出版、二〇二三年）です。海軍軍人、天文学者、そしてキリスト者として生きた、池澤夏樹さんの大伯父にあたる主人公、秋吉利雄の生涯を描いたもので、読み応えがありました。

これを読み終えてから、村上、原田、村上、原田……とほぼ毎日交互に読み続けることになるのですが、それぞれ読んだ本をざっとリストアップしてみます。まずは一つ目の村上春樹のものから。

初期（一九八五年）の傑作『世界の終わりとハードボイルドワンダーランド』の様々に重なる『街とその不確かな壁』（新潮社、二〇二三年）、これまた不思議な世界観が描かれる『騎士団長殺し　第一部　顕れるイデア編』（新潮社、二〇一七年）、『騎士団長殺し　第二部　遷ろうメタファー編』（新潮社、二〇一七年）。そして当時の社会、特に宗教のメタファーを用いた『1Q84 Book 1〈4月―6月〉』、『1Q84 Book 2〈7月―9月〉』、『1Q84 Book 3〈10月―12月〉』（新潮社、二〇〇九―二〇一〇年）。

何度目かの再読になる、一番好きなエッセイの『走ることについて語るときに僕のかたること』（文藝春秋、二〇〇七年）、『職業としての小説家』（新潮社、二〇一五年）、続けてエッセイやインタビューの『村上春樹雑文集』（新潮文庫、二〇一五年）、『夢を見るために毎朝僕は目覚めるのです――村上春樹インタビュー集1997-2011』（文春文庫、二〇一二年）、紀行文の『国境の南、太陽の西』（講談社文庫、一九九五年）。そこから未読の小説に戻って『一人称単数』（文藝春秋、二〇二〇年）、『色彩を持たない多崎つくると彼の巡礼の年』（文春文庫、二〇一五年）、『女のいない男たち』（文春文庫、二〇一六年）を読み、次に作家川上未映子さんのツッコミがすばらしい『みみずくは黄昏に飛び立つ』（新潮文庫、二〇一七年）と、軽すぎるほどに軽いエッセイ集『村上ラヂオ』（新潮文庫、二〇〇三年）、『村上ラヂオ2　おおきなかぶ、むずかしいアボカド』（新潮文庫、二〇一一年）、『村上ラヂオ3　サラダ好きのライオン』（新潮文庫、二〇一二年）。

さらに愛するジャズを語る『意味がなければスイングはない』（文春文庫、二〇〇八年）、和田誠さんとの共作の『ポートレイト・イン・ジャズ』（新潮文庫、二〇〇一年）、新刊のジャズレコードのジャケットの絵を語るという『デヴィッド・ストーン・マーティンの素晴らしき世界』（文藝春秋、二〇二四年）、これから僕でも書けそうだとつい思ってしまう『村上T――僕の愛したTシャツたち』（マガジンハウス、二〇二〇年）、そして亡くなった小澤さんへの追悼文を新聞で読んでから再読した『小澤征爾さんと、音楽について話をする』（新潮社、二〇一一年）、お二人とも「早起きして仕事をする」、細部にこだわり、仕上げることを「ネジを締め上げる」と表現するのが印象的でした。そこから『古くて素敵なクラシックレコードたち』（文藝春秋、二〇二一年）、『更に、古くて素敵なクラシック・レコードたち』（文藝春秋、二〇二二年）でひとまず村上編は終わりです。

続いて二つ目の原田マハの小説群。美術や絵画の知識がない僕にはどこまで楽しめたかわかりませんが、史実と創作のすれすれのところを行く作風が絶妙でした。こちらはざっと読んだ順番にタイトルのみを。

最初は短編集の『デトロイト美術館の奇跡』（新潮文庫、二〇一六年）、そこから『たゆたえども沈まず』（幻冬舎文庫、二〇二〇年）、『ゴッホのあしあと』（幻冬舎文庫、二〇二〇年）、ヘレン・ケラーとサリバン先生をモデルにした『奇跡の人』（双葉文庫、二〇一八年）、あちこちから勧められた『本日は、お日柄もよく』（徳間文庫、二〇一三年）、『モネのあしあと』（幻冬舎文庫、二〇二一年）、『〈あの絵〉のまえで』（幻冬舎文庫、二〇二二年）、『生きるぼくら』（徳間文庫、二〇一五年）、『常設展示室』（新潮文庫、二〇一八年）、『リボルバー』（幻冬舎文庫、二〇二三年）、『楽園のカンバス』（新潮文庫、二〇一四年）、『暗幕のゲルニカ』（新潮文庫、二〇一八年）、『美しき愚かものたちのタブロー』（文春文庫、二〇二二年）など、ゴッホ、ゴーギャン、ピカソなどを絡ませた小説に続き、日本を舞台にした『リーチ先生』（集英社文庫、二〇一九年）、そして最後は『サロメ』（文春文庫、二〇二〇年）でした。

三つ目のタイトル買いの本は、まずは自分のことをきちんと知ろうと思って買った、鈴木裕介『心療内科医が教える本当の休み方』（アスコム、二〇二三年）。なるほど、と思ったのは人間の心にかかるストレスは、何もつらいことや悲しいことばかりでなく、それがうれしかったり、楽しかったりしても、人生の大きなイベントは必ず心にストレスを蓄積していくというもの。言われてみればこの数年、コロナ・パンデック下での教会の諸対応、長男の結婚、新会堂建築と竣工、二二年仕えた教会を辞しての千葉への引っ越し。教団の責任とそれにともなう超教派の働き、慣れない中での学校法人運営、母の突然の召天、毎週のように全国各地を飛び回り、大学のアピールと支援を募る日々。ほとんど休みなく三年を突っ走り、そこに来ていろいろと難しくややこしい問題と向き合う中でついに倒れたわけですが、こうしてみると、そうなるべくしてなったと言われても仕方がないかもと学んだ次第です。

あとは松浦弥太郎『エッセイストのように生きる』（光文社、二〇二三年）、レベッカ・ソルニット『暗闇の中の希望』井上利男・東辻賢治郎訳（ちくま文庫、二〇二三年）、今年の3・11を前に手にした瀬尾夏美『声の地層――災禍と痛みを語ること』（生きのびるブックス、二〇二四年）、『あわいゆくころ――陸前高田、震災後を生きる』（晶文社、二〇一九年）、『二〇年目の手記――震災体験を書く、よむ、編みなおす』（いきのびるブックス、二〇二二年）。震災後も地道に被災地の声を聴き続けている尊い働きがあることを知りました。

③二〇二四年春から今の読書

療養生活を終えて自宅に戻った三月から、予期せぬ嵐のような出来事の中で翻弄される日々を過ごし、予想外の展開の中で、今の働きに区切りを付けることになりました。まだその動揺の余韻の中にありますが、今はこうして書くことが一つの支えとなっています。この間、話題の一書、島田潤一郎さんの『長い読書』(みすず書房、二〇二四年)を読んで、本書執筆の後押しをもらったのもありがたいことでした。

そんな中で自宅に戻ってから今に至るまで読んできた本としては、日本語で出版されるのを心待ちにしていた東京基督教大学准教授の齋藤五十三先生の『神の子とする恵み――宗教改革信条史における「神の子」概念再考』(教文館、二〇二四年)。かつて台湾で宣教師をしながらオランダ・アムステルダムフリー大学の博士課程で学び、博士号を取得するという離れ業をやってのけた先生の、緻密でありかつ牧会的でもある信条史研究です。また読み始めているところでは、同じく東京基督教大学准教授の須藤英幸先生による『ルターの恩恵論と「十字架の神学」――マルティン・ルターの神学的挑戦』(教文館、二〇二四年)、アウグスティヌス、ルターの専門家がTCUにおられることは大変心強いと思います。

さらに新しいところでは、ハンス・キュンクの『イエス』福嶋揚訳(図書出版ヘウレーカ、二〇二四年)。本文よりも福嶋先生の濃度の濃い訳者解説から読み、それから本文を読みましたが、非常に真っ当でポジティヴなメッセージを受け取りました。

また、個人的な一冊を紹介させてください。私の妻である真樹子の父、中村寿夫牧師が書いた『牧師夫妻のがんばらない恵老生活』(いのちのことば社、二〇二四年)です。八〇代を越えた牧師夫妻の日常が飾り気のない文章で綴られています。こんな本を書いているとは家族一同みな知らず、出来上がった本を読んで、クリスチャンでない方々に読んで欲しいという心配りがよく伝わってくるとともに、僕はすでに両親とも他界しているので、六〇年以上連れ添ってきた義父母の歩みを羨ましくも思いました。

最後に、四月の終わりに加藤常昭先生が天に召され、その直前の、先生の最後の訳書である、カール・バルト『説教と神の言葉の神学』加藤常昭・楠原博行訳(教文館、二〇二四年、発行日は四月一日とあります)を読みました。加藤先生訳の「キリスト教会の宣教の困窮と約束」、楠原先生訳の「神学の課題としての神の言葉」。いずれも説教者にとっては必読のものですが、特に前者については加藤先生がかねてから、旧訳(大宮溥訳)「キリスト教宣教の危急と約束」の訳文を改めたいと言っておられたことを思うと、これが先生の召される直前の出版となったこと、そこに込められた「これからのキリスト教会の宣教」への思いを受け継がなければ、との思いを強くさせられています。

そして、今朝ポストに届いた最新の一冊は、塩谷直也先生の『月曜日の復活――「説教」終えて日が暮れて』（日本キリスト教団出版局、二〇二四年）。まだパラパラとめくっただけですが、「さすがの目のつけどころと、いい文章だなあ」という第一印象。じっくり読むのが楽しみです。

第七章　読みつつ生き、生きつつ読む

第一節　あとどれくらい読めるか

①「いまだ」と「すでに」の間で

ここまで僕の読書遍歴を綴ってきましたが、振り返って思うのは、いかに何の脈絡も一貫性もない、手当たり次第の乱読だったかということです。こうして皆さんにお見せするのは恥ずかしいと今さら思ったりもしています。

本来ならば、体系的に知識を積み上げていくような読書が真っ当な読み方なのだろうと思いますが、そう願いつつも、限られた時間と知識と能力の中で、その時々の問題意識に反応し、取り組むべき課題や必要に迫られて、片っ端から読み漁った結果がこうなったと受けとめています。読むべき本を落としていることもあると思いますし、皆さんの評価とはまったく違う本が選ばれているかもしれません。また僕の場合は外国語がダメなので、自ずと読む本が日本語か、日本語に翻訳されているものに限定されてしまうという制約もあります。

しかし、事実として自分が読んできた本はこのような本であり、それによってまがりなりにも自分自身が形成されてきたことを思うと、人それぞれの本との出会い方、読み方があるのだという当然の結論に行き着くのです。

そこで思うのは、これからの人生でどれだけの本を読めるだろうかということです。人生も折り返しを過ぎ、残り時間を考えざるを得ないような歳になって、これから先、どんな種類の本を読めるのか、どれくらいの冊数の本を読むことができるだろうかと。

僕の祖父は八七歳で召されるまで現役で牧師をしており、よく「四〇、五〇は洟垂れ小僧だ」と言っていました。牧師として充実して働けるのは六〇代からだと言いたかったようです。そして僕は今、五六歳、祖父に言わせればようやく鼻をかむことを覚えたぐらいでしょうか。

「いまだ」五六歳と思えば、老眼は進んだとしてもあと二〇年ぐらいはゆっくりと読みたい本を読み進められるのではないかと思います。先にも触れたように私の義父も牧師ですが、八〇代になってもけっこう新しい本を読んだり、牧師仲間たちと勉強会を続けたりしている姿を見ては励まされています。

一方で「すでに」五六歳と思うと、もう残されている時間はあまりないとも思います。実際、僕の父は四八歳で召されたので、それなりの量の蔵書を残していってくれましたが、おそらく読めなかった本の方が多かったように思います。自分の人生の日数が分からない身とすれば、そのあたりのことは主におまかせして、ひとまずは基本的に今までと変わらず、出会うべくして出会う本を読み続けることが僕に合った読書法なのだと思います。

②教会における「読む力」の回復を

そんな僕にも、ささやかな願いがあります。それは、こういう時代だからこそ、教会で本を読む文化、読書会の文化を盛んにしたい。キリスト者たちの「本を読む力」を強くしたいという願いです。もちろん教会は聖書を読み続けてきましたし、これからも読み続けていくでしょうから、基本的に「読むこと」の力が失せることはないでしょう。

しかしそこに安住することなく、聖書にはそのまま当てはまるような事柄は書いていないけれど、日々私たちが生きる上で直面する課題。個人的な課題から、地球規模の課題まで、そうしたことに関心を持ち、一人で考え込むことよりも、教会の皆で本を読み、考えを分かちあい、そこからアイデアが生まれ、自分たちに出来ることを探し出し、そしてそれらがやがて実を結んでいく。そのような教会の読書から始まる福音宣教への展開を願うのです。

かつて僕の出身教会では、日曜の夜は「夕拝」と名付けられていても、実際は神学書を読む集まりが続いていたそうです。僕は小学生ぐらいだったので、先に家に帰っていて知らないのですが、当時、その夕拝に出席していた大学生の方々（今はその多くが牧師や大学教牧師である父が聖書解釈学や組織神学の分厚い本を順番に発表し、それにコメントをするという形式で、一冊の本を何年越しかで読むという経験を重ねたそうです。

今も読書会向けに作られた良い本がたくさん出ています。ぜひ教会における「読む力」が回復され、強められることを願っています。

その意味では、教会で読む本がキリスト教書ばかりでよいとは思いません。社会について学ぶ。歴史について学ぶ。今の課題について学ぶ。世界について学ぶ。他の思想や宗教について学ぶ。しかもそれを今日会のメンバーだけで行うのでなく、ときには地域の人たちと一緒に読む。そんな経験が拡がっていけば素敵だなと思うのです。

前にも触れましたが、東京の教会で仕えていた時期に、地元の「九条の会」の世話人の一人に加えられました。大したお手伝いは出来なかったのですが、そのうちに教会の近所に住む方々と「勉強することが大事だ」という話になり、「公民館を借りるのには手続きがいる。教会さんを使わせてくれないか？」という声があがりました。さっそく教会の役員会に諮ると「ぜひ、どうぞ」と快諾を得ることができ、それから月に一度、土曜日の午後に教会に集まるようになりました。多くても一〇人にもならない集まりで、平均年齢もおそらく七〇代ぐらいの方々ですが、とにかくやる気は十分。それで初回に「何を学ぼうか」という話になりました。いろいろと意見が出る中で、僕がこう尋ねてみました。「そういえば、皆さんは日本国憲法の条文を第一条から第一〇三条まで読んだことがありますか?」するとと全員答えは「ノー」でした。「『憲法九条を守ろう』というからには、憲法を読んだことがないというのはまずい、なので憲法を一条から読んでいってはどうでしょう?」と提案すると、「よし、そうしよう」ということにまとまりました。

それで僕が先に挙げた『憲法ドリル』を紹介し、皆でこれをテキストに、毎回声に出して条文を読み、それについて語り合うということをしたのです。そのうちに僕が転任することになり、集まり自体は一年少しで終わってしまったのですが、その方々が教会のコンサートやクリスマス礼拝に来てくださったり、「実は結婚式は教会で挙げた」と教えてくれたり、子どもの頃、教会学校に通っていたことがあって「礼拝堂の雰囲気が懐かしい」と言ってくださったりと、思いがけぬ実りもありました。

③地域に開くきっかけとして

「まちライブラリー」(https://machi-library.org/)という取り組みがあります。教会こそそのような場所に相応しいのではないでしょうか。「子ども食堂」や「認知症カフェ」、「がん哲学カフェ」など、最近は地域に教会を開く取り組みが盛んですが、教会の得意分野から無理なく開いていくのが長続きする秘訣のように思います。「本を読む」というのは、その点で教会にとって取り組みやすいものの一つでしょう。かつては（今も！）「子ども文庫」を開いていた教会も多くありますが、子どもだけでなく、大人たちがいっしょになって本を読み、語り合う。そのような時間と空間があれば、社会は少しずつでも隣人に優しく、知性を重んじ、謙遜を学び、ディセンシーを身に着けて行くことができるのではないでしょうか。そしてそこで教会が果たせる役割は大きいと思うのです。

何と言っても集まる場所がある。教会図書の棚がある。聖書のおかげで本に対する敷居が低い。全国に拡がっている「三浦綾子読書会」なども、すばらしい取り組みの一つだと思います。そうした地味で地道でアナログな取り組みが、かえってこれからの時代に必要となっていくのではないかと思います。

デジタル書籍が増えるのも大いに結構ですが、それで紙の本が廃れるとは思っていません。そして一枚一枚ページをめくりながら、新しい出会いが起こる経験は、ときにその人の一生を作り変えるほどの力を持ち、生涯の中で「この本があったおかげで今の自分がいる」と言えることさえあるような、かけがえのないものなのです。

第二節　自分自身の課題として

①僕の課題図書

残り時間を考えて「あとどれくらい読めるか」と思うと、手もとにありながら、まだきちんと読めていない本のことを思います。もちろんこの先も重要な書物が次々と出版されることでしょうが、蔵書スペースや最後の処分のことなどを思うと、増やすことよりも、今、すでにある書物とあらためて出会い直すことのほうが大切になってくるようにも思います。

その意味で、僕自身の課題図書をいくつか挙げておきたいと思います。こうして書いてしまえば、「あれ、読んでる？」と皆さんにチェックしていただいたり、「怠けていないでちゃんと読みなさい」と活を入れていただいたり、もしかすると「一緒に読もう！」と付き合ってくれる仲間が登場するかも知れない。そんなことが期待できるのではないかとも思うのです。

では何を読むか。まずはやっぱりカルヴァンです。『キリスト教綱要』はこれまで何度も通読しましたが、それですべてが理解できたわけではありません。これからも繰り返し読まなければならない書物です。

次にカルヴァンの聖書註解です。これも先に触れたように日本語訳がかなり充実しています。もちろん英訳でも読めるのですが、せっかく日本語訳があるのであれば、これまでの説教準備のための拾い読みでなく、新教出版社が出し続けてくださっている旧約聖書註解の「創世記」、「詩篇」、そして新たに出始めた「イザヤ書」、ようやく完結した新約聖書注解の共観福音書から、じっくり通読してみたいと思います。

次にこれは結構なチャレンジですが、やはりバルトの『教会教義学』は始めから精読しなければと思っています。一人で読み続ける自信はありませんが、しかしこれは一人でじっくり考えながら、『キリスト教的生Ｉ』天野有訳（新教出版社、一九九八年）、『キリスト教的生II』天野有訳（新教出版社、一九九八年）まで読んでみたいと思っています。さらにはバルトの説教集です。『カール・バルト説教選集』第一集全一二巻、第二集六巻の全一八巻ですが、やはり説教者バルトのことばにはしっかり耳を傾けたいという願いがあります。

また実は持っておりながらきちんと通読できていないもので、ヤロスラフ・ペリカンの『キリスト教教理の伝統――教理発展の歴史（全五巻）』鈴木浩訳（教文館、二〇〇六―二〇〇八年）は必ず読まねばと思っています。

あとはほとんど「言うだけ」という感じになりますが、書棚の最上段に並べてあるのを見ては、「いつか読まねばならぬ」と思うのが、『内村鑑三全集（全四〇巻）』（岩波書店）。さらにすべてが手もとに揃っていないないので、読もうとすると結局増えてしまうことになるですが、一九七九年に刊行が始まり、ついに完結した『アウグスティヌス著作集（全三〇巻＋別巻二巻）』（教文館）です。日本語でアウグスティヌスが読めるというだけでも凄いことだと思いますので、これもできれば取り組んでみたいところです。幸い第一期（一五巻）は手もとにあるので、第二期の説教や聖書注解を揃える必要がありますが……。またアウグスティヌスを読み、カルヴァンを読み、バルトを読むというなら、ルターも読むべきでしょう。『ルター著作集』（聖文舎、リトン）第一集全一〇巻と、第二集の数巻はすでにありますので、これも課題図書にしておきます。

最後は、そもそも手もとにないのでここに挙げるべきでもないのですが、やっぱり気になるものとしてトマス・アクィナスの『神学大全（全四五巻）』（創文社）です。創文社がなくなってしまった今は、オンデマンド版では入手可能ですが、全巻セットで約二七万円！読む気だけではどうにもならないところもありますが、一応、念のため。

あとは羅列するに留めますが、『日本の説教（Ⅰシリーズ全一五巻、Ⅱシリーズ全一四巻）』（日本キリスト教団出版局）に、ぜひ福音派の説教者も加えた第三シリーズができたらいいのでは？とか、お世話になった先生方の全集や著作集で通読できていないものを、はじめから読むということもしたいなと……。

と、ここまで書いて、おそらくすぐに隠退生活にでも入らなければ到底無理な分量だなと思いますが、今の段階での意思表明と自分への努力目標として記しておきました。しかし、とにかくいわゆる「古典」と呼ばれるものは、読む必要があり、また読む意義があると思うのです。北海学園大学学長の安酸敏眞先生の「人間形成の王道は、原典によってであれ翻訳によってであれ、古今の書物、とりわけ古典的名著をしっかり読むことである。もちろんその際に、形式だけではなく、むしろその心を学び取ることが大事である」（『人文学概論　増補改訂版』知泉書館、二〇一八年、一八二頁）とのことばをしっかりと心に留めておきたいと思います。

②課題としての「書く」こと

自分自身の課題の最後は、「書く」ことです。若い日に本と遠いところにいた自分が、今こうして本を書いているというのは、考えてみると実に不思議なことです。これもいろいろな出会いが重なったおかげで実現したことでした。

最初に自分の書いた文章が活字になって書物に載ったのは、福音讃美歌教会編『礼拝における讃美　21世紀ブックレット39』（いのちのことば社、二〇〇九年）で、六名の著者の中に加えられたことでした。本当は他の先生が執筆する予定が急にダメになり、なぜか僕にお鉢が回ってきたのでした。次が先にも触れた初の単著、『「バルメン宣言」を読む――告白に生きる信仰　21世紀ブックレット43』（いのちのことば社、二〇一一年）です。これは後に内容を書き加え、ブックレットから単行本に体裁も変えて、『増補改訂「バルメン宣言」を読む――告白に生きる信仰』（いのちのことば社、二〇一八年）として出し直しました。書き下ろしとしては、先にも触れた3・11ブックレットの一冊として出していただいた『〈あの日〉以後を生きる――走りつつ、悩みつつ、祈りつつ』。

二〇一六年には『ニカイア信条を読む――信じ、告白し、待ち望む』（いのちのことば社、二〇一六年）、続いて翌年には『ハイデルベルク信仰問答を読む――キリストのものとされて生きる』（いのちのことば社、二〇一七年）が出て、先の『「バルメン宣言」を読む』とあわせて、古代、宗教改革、現代の信仰告白文書を「読む」として出揃うことができました。

またこれも先に触れたものですが、新しい「カイロス・ブックス」というシリーズの第一号として『剣を鋤に、槍を鎌に――キリスト者として憲法を考える』（いのちのことば社、二〇一八年）、自分にとってはこれまでで一番エネルギーを使った『教会に生きる喜び――牧師と信徒のための教会論入門』（教文館、二〇一八年）が二〇一八年の著作です。二〇二〇年には教理説教集として『喜びの知らせ――説教による教理入門』（いのちのことば社、二〇二〇年)、二〇二一年には、アドベント、クリスマスの説教を再構成した『光を仰いで——クリスマスを待ち望む25のメッセージ』(いのちのことば社、二〇二一年)、二〇二二年には徳丸町キリスト教会での最後の講解説教となった『大いに喜んで——ヨハネの手紙第二、第三講解説教』(教文館、二〇二二年)を出すことができました。

二〇二四年に入って、一年の雑誌連載をまとめた『信じること、生きること——大人になった「僕」が、一〇代の「僕」に伝えたいこと』(いのちのことば社、二〇二四年)。なんとか若い方々に届けたいと願って、いろいろな方の助けを借りて出来上がった一冊です。そして今のところ、一番新しいものが『三位一体の神と語らう——祈りの作法』(いのちのことば社、二〇二四年)です。

上に挙げた他にも、他の方との共著や寄稿したものはいくつかあるのですが、僕の場合、お気づきのように本になったものの大半は、教会の礼拝での説教や祈禱会でともに学んだもの、お招きいただいた先で講演したもの、雑誌に連載したものがほとんどで、一から書き下ろした本はわずかです。つまりこれらの本が出来上がることを可能にしたのは、一つには「教会」があったからです。自分が仕える教会の交わりがあり、ともに礼拝をささげ、拙い説教でも神のことばとして真摯に耳を傾け、学びの集いに熱心に集ってくださった教会の兄弟姉妹たちがいてくれたので生み出された本たちばかりで、そうでなければこんな本は書けなかっただろうと思います。

もう一つには、これも当たり前のような話ですが、説教にしても講演にしてもとにかく書いた原稿が手もとにあったということです。いつか本にしようと思って原稿を書いたことは一度もありませんが、とにかく何かを人前で話すときには、できるだけきちんとした原稿を書くということを自分に課してきました。

あるとき、主催した講演会で素晴らしいお話しをしてくださった講師の先生に、会の終了後、「先生、できたら後日、記録にまとめたいので今日の講演原稿をいただけませんか?」とお願いしたところ、「いやあ、実は今朝、用意したものを置き忘れてきてしまって、今日は原稿なしで話してしまったのです」との返事。まったく驚いてしまいました。聞いているこちらにはそんな素振りは一切伝わってこない。むしろ完全原稿を感情を込めて朗読しているような、言い淀みも言い直しも一切ない、流れるような語り口で思わず聴衆が引き込まれていくような、それは見事な講演だったのです。でも、こういうケースは特別な賜物と才能を与えられた方にあって初めて成り立つもので、僕などは間違ってもまねしてはいけないと肝に銘じました。

そうでなくても、僕の場合は説教でも講義でも脱線が多く、脱線したまま戻って来られなくなって時間切れになるようなこともあるぐらいですから、これでもし原稿がなかったらいろいろと事故が起こって、二度とお声が掛からなかったでしょう。

とにかく「書く」ことは、「読む」ことと共に、今の自分が形成される上でとても重要なことであったと、体験をもって証しすることができます。今もこうして「書いて」いますが、しかしまだまだ本当に書くべきものを書くには至っていないと感じています。僕自身の読書と実践を通して教えられてきたことを糧として、自分なりの文体を獲得し、自分なりの構想を持ち、「書く」ことを続けて行きたいと思います。

第三節　読みつつ生き、生きつつ読む

神学校時代の恩師のお一人が、「〝つつ〟の神学」ということを、よくおっしゃいました。「〜しつつ、〜する」という営みの持つ、一つの目標に向かいながら進む列車の二本のレールのように、「学びつつ、教え」、「語りつつ、聴き」、「委ねつつ、働く」、そんな生き方を教えてくださったのです。本書のタイトルにした「読みつつ生き、生きつつ読む」は、まさにそのような「〝つつ〟の神学」の自分なりの実践だと心得ています。

また「読む」と「生きる」を「つつ」で結んだのは、僕にとって「本」との出会いは「ことば」との出会いでありつつ、「人格」との出会いであり、しかもそれは僕の人生につ

いてかけがえのない出会いであったことを表現したいと思ったからです。

僕は実に多くの尊敬すべき恩師、主にある同労者、大切な友など、「人」との出会いに恵まれてきました。そしてそれと同じく数多くの「本」との出会いにも恵まれてきたと思います。まだ五〇代半ばの自分が言うことではありませんが、このような自分が「読みつつ生き、生きつつ読む」人生をここまで歩んでくることができたのは、主のあわれみに満ちたお取り計らいのゆえと思います。

これだけ多くの本と出会い、それによって生かされてきたことを思うとき、そこにはその本を生み出した著者がおり、その著者と伴走した編集者がおり、それが一冊の書物として僕の手に届くまでに僕の知らない数多くの人が関わっている。日々、数多くの本が出版される中で、あるときその本と僕との「出会うべくしての出会い」が起こる。それは決して当たり前のことではないと思うのです。

そして今度は、そんな本との恵まれた出会いを多く経験し、その読書を通して多くのことを教えられてきた僕の「書く」ものが、いかに貧しく薄いものであったとしても、どこかの誰かにとって「出会うべくして出会った」本の一冊になれたら、それは僕にとってはこの上なく素敵なこと、光栄なことだと思うのです。

そのためには、これからも許される限り、多くの本を読み続け、学び続け、とりわけ聖書をより深く読み続け、説き明かし続けたいと願っています。それにはまだまだ修行が必要です。しかしそれは僕にとっては、決して難行苦行ではなく、むしろどこかで心躍る楽しみなものであることも事実なのです。

牧師になって三十数年の間、牧師であった父がいたら「こんな時は、どんなことを言うだろうか」、「こういう相談をしたら、どんな助言をしてくれるだろうか」と思ったことが数知れずありました。父と別れた一六歳の僕には、父と同じ牧師になってから、人生について、信仰について、教会について、神学について、説教や牧会についての語り合う機会はありません。もちろんたくさんの先輩牧師や恩師から教えを受け、アドバイスをいただいてきましたが、こうして考えてみると、多くの書物が、必要なときの僕の父親代わり、牧師代わりになって、人生について語り、教会や信仰についてのヒントやアドバイスを与えてくれ、神学について問いを投げかけてくれ、答えの出ない悩みや難しい問題に直面する時の、次の一歩を照らす光となってくれた。本書を書き終えた今、そんな思いを抱いています。

これを主の御前での一つの証しとしてひとまずの区切りとし、引き続き、読みつつ生き、生きつつ読む歩みを続けて行きたいと思います。

あとがき

二〇二四年六月一〇日、久しぶりに友人の編集者と牧師と僕の三人で会って話しをし、食事を共にする機会がありました。直接の目的は、書き進めている「神学入門」的な書物の草稿について意見交換やアドバイスをしてもらうときでした。いろいろと話すうちに話題が拡がり、一人の人、特に僕たちのような務めにある者にとっては、一人の牧師や神学者の神学の形成、思想の形成を知るのに一番よい方法は、その人が読んできた本や影響を受けた人について知ることではないか、という話になりました。

楽しく充実した三時間ほどの語らいを終えて自宅に戻ると、一通のレターパックが届いていました。差出人はキリスト新聞社の金子和人さんでした。数日前に「送りたいものがあるので住所を教えて欲しい」と連絡を受けていたので、さっそく封を開いてみると、新茶の包みと一緒に封筒が入っていました。そこには二枚にわたってのお手紙が同封されており、一枚目には金子さんの近況が記され、二枚目に「単行本企画のご提案です」とあり、

『自伝的読書論』（仮題）をおまとめいただくことは可能でしょうか」と記されていました。ちょうどその日の昼間の会話の直後だったので、そのタイミングにびっくりしたのと、そのお手紙に記された言葉を何度も読み返し、そしてこのような者にお声を掛けていただいたということに感謝と恐れきとともに主の導きを覚え、一晩祈って考えてから、「是非取り組ませてください」とお返事をしました。

もう少し経緯を記すと、金子さんにはキリスト新聞社の社長であられた時期に、雑誌「Ministry」の編集委員に加わるようにとご依頼を受けた際に初めてお目に掛かり、現在の松谷社長に交代後も編集会議でお会いしていましたが、「Ministry」で若者に届くための説教論についての連載が終わった際に、単行本化について相談するために当時仕えていた東京の教会までお出でいただいたことがありました。連載原稿だけだと分量や内容的に足りないので、もう少し書き足すことと数編の説教を加えてはどうかとご意見をいただき、検討しますとお返事しながら、その後、いろいろと仕事が重なって、結局、その企画は実現しないまま今に至っていました。

そんなことで、今回こうしてあらためてお声を掛けてくださったことに恩義を感じたことと、五〇代半ばでこのような本を書く資格があるとは思えないものの、お手紙の中に「キリスト教書読書ガイドの役割も担う」ことを兼ねての提案であると記されていたこと、僕も常々、教会がもっと本を読む文化を盛り上げたいという願いがあったことなどから、微力ながらでもそのお手伝いになるならば、とお引き受けすることになった次第です。

書き上げてみると取り上げた本はずいぶんバランスに欠けているかもしれず、読書ガイドの役割を果たせたかはまったく自信がありませんが、とにかく自分自身が本を読むことで成長させられてきたことを思うとき、日本のようなキリスト者が少数の社会で、これだけ良質なキリスト教書が出版され続けるために、出版界の方々がどれほどの努力を重ねていてくださっているか、その恩恵に与ってきた者の一人として、ささやかな感謝と恩返しになればと願っているところです。

二〇二四年七月　梅雨明けを前にした日に

朝岡　勝

附録　本書に登場してきた本たち

①原則的に文中に登場順で記載していますが、特定の著者（カルヴァン、渡辺信夫、加藤常昭、近藤勝彦、芳賀力）に関してはまとめて記載していますが、一部重複している場合もあることをご了承ください。
②書誌情報についてはできる限り調べましたが、間違いや表記の不統一があればお許しください。もしご指摘いただけるとありがたいです。
③僕の単著については最後にまとめて記させていただきました。
④皆さんの読書の助けになればと願い、チェックボックスを付けています。お読みになった本に✓印を付けてみてください。

□ジャン・カルヴァン『キリスト教綱要（1536年版）』久米あつみ訳（教文館、2000年）。
□同上『キリスト教綱要　第1篇・第2篇　改訳版』渡辺信夫訳（新教出版社、2007年）。
□同上『キリスト教綱要　第3篇　改訳版』渡辺信夫訳（新教出版社、2008年）。
□同上『キリスト教綱要　第4篇　改訳版』渡辺信夫訳（新教出版社、2009年）。
□同上『カルヴァン小論集』波木居斉二訳（岩波文庫、1982年）。
□同上『カルヴァン神学論文集』赤木善行訳（新教出版社、1967年）。
□同上『カルヴァン論争文書集』久米あつみ訳（教文館、2009年）。
□同上『キリスト教古典叢書　カルヴァン篇』渡辺他訳（新教出版社、1959年）。
□同上『創世記註解Ⅰ』渡辺信夫訳（新教出版社、1984年）。
□同上『創世記註解Ⅱ』堀江知己訳（新教出版社、2020年）。

□同上『詩篇註解 I 〜IV』出村彰訳（新教出版社、1970-1974 年）。
□同上『イザヤ書註解 I 』堀江知己訳（新教出版社、2023 年）※全五巻の予定。
□同上『新約聖書註解 I　共観福音書上』〜『新約聖書註解 XIV　ペテロ・ユダ書・ヨハネ書簡』渡辺他訳（新教出版社、1959-2021 年）。
□同上『アモス書講義』関川泰寛監修・堀江知己訳（新教出版社、2019 年）。
□同上『ジュネーヴ教会信仰問答』外山八郎訳（新教出版社、1963 年）。
□同上『ジュネーヴ教会信仰問答――翻訳・解題・釈義・関連資料』渡辺信夫訳（新地書房、1989 年、教文館、1998 年）。

□カール・バルト『教義学要綱』井上良雄訳（新教出版社、1951 年）。
□同上『福音主義神学入門』加藤常昭訳（同、1962 年）。
□同上『教会教義学（神の言葉、神論、創造論、和解論）』全 36 巻、加藤常昭、吉永正義、菅円吉、井上良雄訳（新教出版社、1959-1995 年）。

□渡辺信夫『教会論入門』（新教新書、1963 年）。
□同上『戦争責任と戦後責任』（新教出版社、1971 年）。
□同上『カルヴァンとともに』（国際日本研究所、1973 年）。
□同上『カルヴァンの教会論』（改革社、1977 年、のちに増補改訂版、一麦出版社、2009 年）。
□同上『神と魂と世界と――宗教改革小史』（白水社、1980 年）。
□同上『イリアン・ジャヤへの道』（新地書房、1987 年）。
□同上『教会が教会であるために――教会論再考』（新教新書、1992 年）。

□同上『教会の罪責を担って――現代日本とキリスト者の視点』（新教新書、1994年）。
□同上『アジア伝道史』（いのちのことば社、1996年）。
□同上『今、教会を考える――教会の本質と罪責の狭間で』（新教出版社、1997年）。
□同上『カルヴァンの「キリスト教綱要」について』（神戸改革派改革派神学校、1998年）。
□同上『古代教会の信仰告白』（新教出版社、2002年）。
□同上『プロテスタント教理史』（キリスト新聞社、2006年）。
□同上『カルヴァンの「キリスト教綱要」を読む』（新教出版社、2007年）。
□同上『戦争で死ぬための日々と平和のために生きる日々』（いのちのことば社、2011年）。

□加藤常昭『雪ノ下カテキズム――鎌倉雪ノ下教会教理・信仰問答』（教文館、1990年、改訂新版、2010年）。
□同上『ハイデルベルク信仰問答講話（上・下）』（教文館、1992年）。
□同上『説教論』（日本キリスト教団出版局、1993年）。
□同上『鎌倉雪ノ下教会　教会生活の手引き』（教文館、1994年）。
□同上『祈禱集　教会に生きる祈り』（教文館、1995年）。
□同上『加藤常昭信仰講話（全7巻）』（教文館、1999-2000年）。
□同上『愛の手紙・説教――今改めて説教を問う』（教文館、2000年）。
□同上『み言葉の放つ光に生かされ――一日一章』（日本キリスト教団出版局、2000年）。
□同上『祈り』（日本キリスト教団出版局、2002年）。
□同上『自伝的説教論』（キリスト新聞社、2003年）。
□同上『加藤常昭説教全集（全37巻）』（教文館、2004-2021年）。

□同上『文学としての説教』(日本キリスト教団出版局、2008年)。
□同上『み前にそそぐ祈り――頑なな心を、あなたの愛が溶かしてください』(キリスト新聞社、2008年)。
□同上『説教批判・説教分析』(教文館、2009年)。
□同上『出来事としての言葉・説教』(教文館、2011年)。
□同上『慰めのコイノーニア――牧師と信徒が共に学ぶ牧会学』(日本キリスト教団出版局、2012年)。
□同上『祈りへの道』(教文館、2013年)。
□同上『説教への道――牧師と信徒のための説教学』(日本キリスト教団出版局、2016年)。
□同上『自伝的伝道論』(キリスト新聞社、2017年)。
□同上『慰めとしての教会に生きる』(教文館、2023年)。
□平野克己編『聞き書き　加藤常昭――説教・伝道・戦後をめぐって』(教文館、2018年)。
□エドゥアルト・トゥルンアイゼン『牧会学(Ⅰ・Ⅱ)』加藤常昭訳(日本キリスト教団出版局、1961年、1970年)。
□ルードルフ・ボーレン『説教学(Ⅰ・Ⅱ)』加藤常昭訳(同、1977年、1978年)。
□クリスチャン・メラー『魂への配慮の歴史(全12巻)』(同、2000-2006年)。
□加藤常昭編訳『説教黙想集成(全3巻)』(教文館、2008年)。

□宮田光雄『宗教と政治倫理――現代プロテスタンティズム研究』(岩波書店、1975年)。
□同上『ナチ・ドイツの精神構造』(岩波書店、1991年)。
□同上『〈聖書の信仰〉宮田光雄集(全7巻)』(岩波書店、1996年)。
□同上『十字架とハーケンクロイツ――反ナチ教会闘争の思想史的研究』(新教出版社、2000年)。

□同上『権威と服従――近代日本におけるローマ書13章』（新教出版社、2003年）。
□同上『宮田光雄思想史論集（全8巻）』（創文社、2006-2017年）。
□同上『国家と宗教――ローマ書十三章解釈史＝影響史の研究』（岩波書店、2010年）。
□同上『カール・バルト――神の愉快なパルチザン』（岩波現代全書、2015年）。
□同上『ボンヘッファー――反ナチ抵抗社の生涯と思想』（岩波現代文庫、2019年）。

□近藤勝彦『現代神学との対話』（ヨルダン社、1985年）。
□同上『歴史の神学の行方』（教文館、1993年）。
□同上『信徒のための神学入門』（教文館、1994年）。
□同上『トレルチ研究（上・下）』（教文館、1996年）。
□同上『デモクラシーの神学思想――自由の伝統とプロテスタンティズム』（教文館、2000年）。
□同上『伝道の神学―― 21世紀キリスト教伝道のために』（教文館、2002年）。
□同上『組織神学の根本問題1 ――啓示と三位一体』（教文館、2007年）。
□同上『キリスト教倫理学』（教文館、2009年）。
□同上『二十世紀の主要な神学者たち――私は彼らからどのように学び、何を批判しているか』（教文館、2011年）。
□同上『組織神学の根本問題2 ――贖罪論とその周辺』（教文館、2014年）。
□同上『組織神学の根本問題3 ――救済史と終末論』（教文館、2016年）。
□同上『キリスト教弁証学』（教文館、2016年）。

□同上『キリスト教教義学（上・下）』（教文館、2021年、2022年）。
□同上『私の神学六十年』（同、2023年）。

□芳賀力『歴史、自然、そして神義論——カール・バルトを巡って』（日本キリスト教団出版局、1991年）。
□同上『救済の物語』（日本キリスト教団出版局、1997年）。
□同上『物語る教会の神学』（教文館、1997年）。
□同上『大いなる物語の始まり』（教文館、2001年）。
□同上『使徒的共同体——美徳なき時代に』（教文館、2004年）。
□同上『思索への小さな旅』（キリスト新聞社、2004年）。
□同上『歴史と伝承——続・物語る教会の神学』（教文館、2008年）。
□同上『神学の小径Ⅰ——啓示への問い』（キリスト新聞社、2009年）。
□同上『神学の小径Ⅱ——神への問い』（キリスト新聞社、2012年）。
□同上『落ち穂拾いの旅支度』（キリスト新聞社、2014年）。
□同上『神学の小径Ⅲ——創造への問い』（キリスト新聞社、2015年）。
□同上『神学の小径Ⅳ——救済への問い』（キリスト新聞社、2019年）。
□同上『神学の小径Ⅴ——成就への問い』（キリスト新聞社、2023年）。

□立花隆『ぼくはこんな本を読んできた』（文藝春秋、1995年）。
□ジェームス・G. ダン『使徒パウロの神学』浅野淳博訳（教文館、2019年）。
□渡辺茂男著、山本忠敬画『しょうぼうじどうしゃじぷた』（福音館書店、1966年）。
□わたりむつこ著、中谷千代子画『いちごばたけのちいさなおばあさ

ん』(福音館書店、1973 年)。
□ルース・スタイルス・ガネット著、ルース・クリスマン・ガネット画『エルマーのぼうけん』渡辺茂男訳(福音館書店、1963 年)。
□星新一のショートショート集(新潮社)。
□北杜夫『ぼくのおじさん』(旺文社、1981 年)。
□ヘルマン・ヘッセ『車輪の下』高橋健二訳(新潮文庫、1951 年)。
□村上春樹『風の歌を聴け』(講談社、1979 年)。
□同上『1973 年のピンボール』(同、1980 年)。
□同上『羊を巡る冒険(上・下)』(同、1982 年)。
□ヘンリー・H. ハーレイ『聖書ハンドブック』聖書図書刊行会編集部訳(いのちのことば社、1965 年)。
□福井達雨『僕アホやない人間だ』(柏樹社、1969 年)。
□同上『りんごってウサギや――重い知恵おくれの子ども達とともに』(柏樹社、1971 年)。
□同上『アホかて生きているんや』(教文館、1972 年)。
□同上『生命をかつぐって重いなあ』(柏樹社、1975 年)。
□同上『僕たち太陽があたらへん――重い知恵おくれの子供の中で』(柏樹社、1977 年)。
□同上『子供に生かされ子供を生きる』(柏樹社、1978 年)。
□同上『僕たち心で勝つんや』(柏樹社、1978 年)。
□同上『子どもの笑顔を消さないで』(日本キリスト教団出版局、1980 年)。
□同上『心のひびきのつたわりを』(柏樹社、1982 年)。
□同上『ほんものとの出会い――この子らとともに生きて』(現代出版、1982 年)。
□出村彰『スイス宗教改革史研究』(日本キリスト教団出版部、1983 年)。
□榊原康夫『エペソ人への手紙(上・下)』(いのちのことば社、1989

年)。

□坂野慧吉『新聖書講解シリーズ旧約1　創世記』(いのちのことば社、1988年)。

□W.ブルッゲマン『現代聖書註解　創世記』向井孝史訳(日本キリスト教団出版局、1989年)。

□辻宣道『教会生活の処方箋』(日本キリスト教団出版局、1981年)。

□R.B.カイパー『聖書の教会観』山崎順治訳(聖恵授産所出版部、1972年)。

□同上『神中心の伝道』山崎順治訳(聖恵授産所出版部、1991年)。

□榊原康夫『聖書読解術』、(いのちのことば社、1970年)。

□同上『知恵ある生活――クリスチャン・スチュワードシップ』(小峯書店、1977年)。

□野田秀『礼拝のこころえ』(いのちのことば社、1990年)。

□ジョン・ストット『地の塩・世の光』有賀寿訳(すぐ書房、1986年)。

□ロバート・コート、ジョン・ストット『地の深みまで――キリスト教と文化序説』山田耕太訳(すぐ書房、1987年)。

□ジョン・ストット『地には平和』油井義昭訳(すぐ書房、1988年)。

□ヘンリー・ナーウェン『イエスの御名で――聖書的リーダーシップを求めて』後藤敏夫訳(あめんどう、1993年)。

□ハワード・スナイダー『神の国を生きよ』後藤敏夫・小渕春夫訳(あめんどう、1992年)。

□ジム・ウォリス『よみがえれ、平和よ!――差別と戦争と貧困の中から』(小中陽太郎監訳、新教出版社、1992年)。

□ロナルド・サイダー『餓えの時代と富むキリスト者――聖書的ライフスタイルの勧め』御立英史訳(聖文舎、1989年)。

□朝日新聞特別取材班『5000人の鎮魂歌』(朝日新聞社、1995年)。

□宮本貢編『阪神大震災再現―― 1995・01・17・05・46』(朝日新

聞社、1995年）。
□猪熊弘子編『女たちの阪神大震災』（朝日新聞社、1995年）。
□中井久夫『1995年1月・神戸「阪神大震災」下の精神科医たち』（みすず書房、1995年）。
□同上『昨日のごとく――厄災の年の記録』（みすず書房、1996年）。
□工藤信夫・藤木正三『福音は届いていますか――ある牧師と医師の祈り』（ヨルダン社、1992年）。
□工藤信夫『信仰者の自己吟味――神と人、信仰を語る』（いのちのことば社、1995年）。
□『ハイデルベルク信仰問答』竹森満佐一訳（新教出版社、1961年）。
□『ハイデルベルク信仰問答』吉田隆訳（新教出版社、1999年）。
□『ハイデルベルク信仰問答』登家勝也訳（改革社、1976年）。
□『ウェストミンスター信仰基準』日本基督改革派教会大会出版委員会篇（新教出版社、1994年）。
□バルツ・シュナイダー編『ギリシア語新約聖書釈義事典（Ⅰ～Ⅲ）』荒井献・H.J. マルクス監修（教文館、1993-1995年）。
□牧田吉和『ドルトレヒト信仰規準研究――歴史的背景とその神学的意義』（一麦出版社、2012年）。
□同上『改革派神学とは何か――改革派信仰入門』（聖恵授産所出版部、2000年）。
□ゲアハルト・フォン・ラート『旧約聖書神学（Ⅰ・Ⅱ）』荒井章三訳（日本キリスト教団出版局、1980年）。
□ Arnord van Ruler, *Calvinist Trinitarianism and Theocentric Politics: Essays Toward a Public Theology*, tr & intro by John Bolt, Edwin Mellen Press.
□デンツィンガー、シェーンメッツァー編『カトリック教会文書資料集――信経および信仰と道徳に関する定義集』A. ジンマーマン監修、浜寛五郎訳（エンデルレ書店、1992年）。
□ H. A. Niemeyer, *Collectio Confessionum in Ecclesiis Reformatis Publicata-*

rum (Lipsiae, 1840).
□ E. F. K. Muller, *Die Bekenntnisschriften der reformierten Kirche* (Lipzig, 1903).
□ W. Niesel, *Bekenntnisschrften und Kirchenordnungen der nach Gottes Wort Reformierten Kirche* (Evangelischer Verlag, 1938).
□ P. Schaff, *The Creeds of Christendom*, 3 vols. (repr, by Baker, 1996).
□ A. C. Cochrane, *Reformed Confessions in 16th Century* (Westminster, 1966).
□ J. H. Lieth, *Creeds of the Churches*, 3rd edtion (Westminster/John Knox Press, 1982)
□三好迪『福音書のイエス・キリスト 3　ルカによる福音書――旅空に歩むイエス』(日本キリスト教団出版部、1998 年)。
□和田幹男『聖パウロ――その心の遍歴』(聖パウロ女子修道会、1996 年)。
□原口尚彰『ロゴス・エートス・パトス――使徒言行録の演説の研究』(新教出版社、2005 年)。
□佐竹明『現代新約注解全書　ガラテア人への手紙』(新教出版社、1974 年)。
□原口尚彰『現代新約注解全書別巻　ガラテヤ人への手紙』(新教出版社、2004 年)。
□佐竹明『現代新約注解全書　ヨハネの黙示録(上・中・下)』(新教出版社、2011 年、2009 年、1989 年)。
□四竈更『死に至るまで忠実なれ――黙示録講解説教』(教文館、2007 年)。
□佐竹明『現代新約聖書注解　ピリピ人への手紙』(新教出版社、1969 年)。
□ F. B. クラドック『現代聖書注解　フィリピの信徒への手紙』(古川修平訳、日本キリスト教団出版局、1988 年)。

□伊吹雄『ヨハネ福音書注解（Ⅰ～Ⅲ）』（知泉書館、2004 年、2007 年、2009 年）。
□渡辺信夫『マルコ福音書講解説教（Ⅰ・Ⅱ）』（新教出版社、1966 年、1968 年）。
□ E. J. エプ、P. パーキンス『NIB 新約聖書注解 2　新約聖書緒論・マルコによる福音書』（挽地茂男訳、ATD・NTD 聖書註解刊行会、2000 年）。
□竹森満佐一『ローマ書講解説教（Ⅰ～Ⅲ）』（新教出版社、1962 年、1965 年、1972 年）。
□榊原康夫『ローマ人への手紙講解 1 ～ 5』（教文館、2010 年）。
□ K. H. ワルケンホースト『信仰と心の割礼――ロマ書の解釈 1-4 章』（中央出版社、1973 年）。
□同上『万民とイスラエル――ロマ書の解釈 9-11 章』（中央出版社、1976 年）。
□同上『信仰と体のあがない――ロマ書の解釈 5-8 章』（中央出版社、1979 年）。
□同上『ロマ書の戒め 信仰の従順――ロマ書の解釈 12-16 章』（中央出版社、1981 年）。
□関根正雄『関根正雄著作集 18 ～ 20　ローマ人への手紙講解（上・中・下）』（新地書房、1989-1990 年）。
□三浦望『NTJ 新約聖書注解　第 1、第 2，第 3 ヨハネ書簡』（日本キリスト教団出版局、2020 年）。
□辻学『現代新約聖書注解全書　牧会書簡』（新教出版社、2023 年）。
□宮村武夫『旧約聖書講解シリーズ 5　申命記』（いのちのことば社、1988 年）。
□下川友也『旧約聖書講解シリーズ 8　歴代誌』（いのちのことば社、、1989 年）。
□オットー・ブルーダー『嵐の中の教会――ヒトラーと戦った教会の

物語』森平太訳（新教出版社、1999 年）。
□フォード・ルイス・バトルズ『「キリスト教綱要」を読む人のために』金田幸夫・高崎毅志訳（一麦出版社、2009 年）。
□『宗教改革著作集（全 15 巻）』（教文館、1983-2001 年）。
□『ルター著作集（第一集全 10 巻、第二集刊行中）』（聖文舎、リトン、1963-）。
□『原典宗教改革史』中村賢二郎他訳（ヨルダン社、1976 年）。
□野田正彰『戦争と罪責』（岩波書店、1998 年）。
□同上『背後にある思考』（みすず書房、2003 年）。
□ベルンハルト・シュリンク『朗読者』松永美穂訳（新潮社、2000 年）。
□芦部信喜『憲法 第四版』（岩波書店、2007 年）。
□樋口陽一『憲法 第三版』（創文社、2007 年）。
□長谷部恭男『新法学ライブラリー 2　憲法（第 3 版）』（新世社、2004 年）。
□田中伸尚『教育現場に「心の自由」を！「君が代」強制と闘う北九州の教職員』（岩波ブックレット、2005 年）。
□同上『日の丸・君が代の戦後史』（岩波新書、2000 年）。
□同上『靖国の戦後史』（岩波新書、2002 年）。
□同上『憲法九条の戦後史』（岩波新書、2005 年）。
□同上『ドキュメント靖国訴訟――戦死者の記憶は誰のものか』（岩波書店、2007 年）。
□樋口陽一『憲法と国家』（岩波新書、1999 年）。
□同上『個人と国家――今なぜ立憲主義か』（集英社新書、2000 年）。
□長谷部恭男『憲法とは何か』（岩波新書、2006 年）。
□同上『憲法と平和を問い直す』（ちくま新書、2004 年）。
□長谷部恭男・杉田敦『これが憲法だ！』（朝日新書、2006 年）。
□野田正彰『子供が見ている背中――良心と抵抗の教育』（岩波書店、

2006年)。
□雨宮栄一『バルメン宣言研究——ドイツ教界闘争史序説』(日本キリスト教団出版局、1975年)。
□同上『ドイツ告白教会闘争の展開』(日本キリスト教団出版局、1980年)。
□同上『ドイツ告白教会闘争の挫折』(日本キリスト教団出版局、1991年)。
□宮田光雄編『ドイツ教会闘争の研究』(創文社、1986年)。
□同上『ナチ・ドイツの政治思想』(創文社、2002年)。
□ K. クーピッシュ『ドイツ教会闘争への道——近代ドイツ教会史1815-1945年』(新教出版社、1967年)。
□ロバート . P. エリクセン『第三帝国と宗教——ヒトラー政権を支持した神学者たち』古賀敬太・木部尚志・久保田浩訳(風行社、2000年)。
□ハインツ・E. テート『ヒトラー政権の共犯者、犠牲者、反対者——〈第三帝国〉におけるプロテスタント神学と教会の内面史のために』宮田光雄、佐藤司郎、山﨑和明訳(創文社、2004年)。
□加藤信朗『アウグスティヌス「告白録」講義』(知泉書館、2006年)。
□雨宮栄一『青春の賀川豊彦』(新教出版社、2003年)。
□同上『貧しい人々と賀川豊彦』(新教出版社、2005年)。
□同上『暗い谷間の賀川豊彦』(新教出版社、2006年)。
□同上『若き植村正久』(新教出版社、2007年)。
□同上『戦う植村正久』(新教出版社、2008年)。
□同上『牧師植村正久』(新教出版社、2009年)。
□同上『評伝　高倉徳太郎(上)』(新教出版社、2010年)。
□同上『評伝　高倉徳太郎(下)』(新教出版社、2011年)。
□朝日新聞特別報道部著『プロメテウスの罠(1-9)』(学研プラス、

2012-2015 年)。
□宮地尚子『震災トラウマと復興ストレス』(岩波ブックレット、2011 年)。
□同上『環状島=トラウマの地政学』(みすず書房、2007 年)。
□同上『傷を愛せるか』(大月書店、2010 年)。
□外岡秀俊『地震と社会――上・下「阪神大震災記」』(みすず書房、1997, 1998 年)。
□岩波書店編集部編『3.11 を心に刻んで』(岩波ブックレット、2012-2021 年)。
□丸山忠孝『カルヴァンの宗教改革教会論――教理史研究』(教文館、2015 年)。
□信州夏期宣教講座編『21 世紀ブックレット 50　東日本大震災から問われる日本の教会――災害・棄民・原発』(いのちのことば社、2013 年)。
□朝岡勝・木田恵嗣『3.11 ブックレット　福島で生きていく』(いのちのことば社、2014 年)。
□朝岡勝、佐藤美和子、梁陽日、教師 A(実名を伏せて登壇)『「日の丸・君が代」問題を考える――教会は「日の丸・君が代」強制の問題といかに向き合うべきか』(一麦出版社、2013 年)。
□君が代強制反対キリスト者の集い編『21 世紀ブックレット 48　信仰の良心のための闘い――日の丸・君が代の強制に抗して』(いのちのことば社、2013 年)。
□クリスチャン新聞・キリスト新聞編『21 世紀ブックレット 51　この国はどこへ行くのか!? ――教育・政治・神学の視点から』(いのちのことば社、2014 年)。
□クリスチャン新聞編『21 世紀ブックレット 52　クリスチャンとして「憲法」を考える』(いのちのことば社、2014 年)。
□特定秘密保護法に反対する牧師の会編『新教コイノーニア 28　な

ぜ「秘密法」に反対か――開かれた平和な国のために祈りつつ』（新教出版社、2014年）。
□朝岡勝・山口陽一『新教コイノーニア32　キリストが主だから――いま求められる告白と抵抗』（新教出版社、2016年）。
□袴田康裕編『地の塩となる教会を目指して』（一麦出版社、2017年）。
□「教会と政治」フォーラム編『キリスト者から見る〈天皇の代替わり〉』（いのちのことば社、2019年）。
□大嶋重徳『自由への指針――今を生きるキリスト者の倫理と十戒』（教文館、2017年、改訂新版、2023年）。
□山﨑龍一『教会実務を神学する――事務・管理・運営の手引き』（教文館、2021年）。
□牧田吉和『改革派教義学1　序論』（一麦出版社、2013年）。
□同上『改革派教義学2　神論』（一麦出版社、2014年）。
□市川康則『改革派教義学3　人間論』（一麦出版社、2012年）。
□牧田吉和『改革派教義学4　キリスト論』（一麦出版社、2022年）。
□同上『改革派教義学5　救済論』（一麦出版社、2016年）。
□市川康則『改革派教会論6　教会論』（一麦出版社、2014年）。
□牧田吉和『改革派教義学7　終末論』（一麦出版社、2019年）。
□市川康則『改革派教義学別巻　弁証学』（一麦出版社、2015年）。
□大崎節郎編『改革派教会信仰告白集』全6巻＋別巻（一麦出版社、2011-2013年）。
□『一致信条書――ルーテル教会信条集』信条集専門委員会訳（教文館、2006年）。
□大崎節郎『神の権威と自由』（日本キリスト教団出版局、1982年）。
□同上『大崎節郎著作集』全7巻（一麦出版社、2015-2016年）。
□『カール・バルト著作集』全17巻（新教出版社、1968-2007年）。
□雨宮栄一、大崎節郎、小川圭治監修『カールバルト説教選集　第1

期（全12巻）』（日本キリスト教団出版局、1991-1995年）、『カール・バルト説教選集　第2期（全6巻）』（同、2000-2005年）。

□カール・バルト『ローマ書講解（上・下）』小川圭治・岩波哲男訳（平凡社ライブラリー、2001年）。

□エーバハルト・ブッシュ『カール・バルトの生涯1968-1968』小川圭治訳（新教出版社、1989年）。

□同上『バルト神学入門』佐藤司郎訳（新教出版社、2009年）。

□福嶋揚『カール・バルト——未来学としての神学』（日本キリスト教団出版局、2018年）。

□佐藤司郎『カール・バルトの教会論——旅する教会』（新教出版社、2015年）。

□同上『カール・バルトとエキュメニズム——一つなる教会への途』（新教出版社、2019年）。

□寺園喜基『カール・バルト《教会教義学》の世界』（新教出版社、2023年）。

□天野有編訳『バルト・セレクション（全7巻）』（既刊4巻、未完3巻）（新教出版社、2010-2018年）。

□カール・バルト『教義学要綱　ハンディ版』天野有・宮田光雄訳（新教出版社、2020年）。

□吉田隆『カルヴァンの終末論』（教文館、2017年）。

□ルードルフ・ボーレン『神が美しくなられるために——神学的美学としての実践神学』加藤常昭訳（教文館、2016年）。

□クリスティアン・メラー『慰めのほとりの教会』加藤常昭訳（教文館、2006年）。

□ハンス・キュンク『キリスト教は女性をどう見てきたか——原始教会から現代まで』矢内義顕訳（新教出版社、2016年）。

□同上『キリスト教思想の形成者たち——パウロからカール・バルトまで』片山寛訳（新教出版社、2017年）。

□鈴木範久『聖書を読んだ30人――夏目漱石から山本五十六まで』（日本聖書協会、2017年）。
□赤江達也『矢内原忠雄――戦争と知識人の使命』（岩波新書、2017年）。
□渡部良三『歌集　小さな抵抗――殺戮を拒んだ日本兵』（岩波現代文庫、2011年）。
□加藤直樹『九月、東京の路上で―― 1923年関東大震災ジェノサイドの残響』（ころから、2014年）。
□神奈川新聞「時代の正体」取材班編『ヘイトデモをとめた街――差別は人を殺す 川崎・桜本の人びと』（現代思潮新社、2016年）。
□リチャード・サミュエルズ『3.11 震災は日本を変えたのか』プレン南日子、廣内かおり、藤井良江訳（英治出版、2016年）。
□左近豊『エレミヤ書を読もう――悲嘆からいのちへ』（日本キリスト教団出版局、2018年）。
□松谷好明『キリスト者への問い――あなたは天皇をだれと言うか』（一麦出版社、2018年）。
□『七十人訳ギリシャ語聖書　モーセ五書』秦剛平訳（講談社学術文庫、2017年）。
□宮田光雄『ルターはヒトラーの先駆者だったか――宗教改革論集』（新教出版社、2018年）。
□若松英輔『内村鑑三――悲しみの使徒』（岩波新書、2018年）。
□ジェイムズ・H. コーン『十字架とリンチの木』梶原壽訳（日本キリスト教団出版局、2014年）。
□黒﨑真『マーティン・ルーサー・キング――非暴力の闘士』（岩波新書、2018年）。
□同上『アメリカ黒人とキリスト教――葛藤の歴史とスピリチュアリティの諸相』（ぺりかん社、2015年）。
□秋山憲兄編『高倉徳太郎日記』（新教出版社、2015）。

□アンゲラ・メルケル著、フォルカー・レージング編『わたしの信仰——キリスト者として行動する』松永美穂訳（新教出版社、2018年）。
□中井久夫『中井久夫集5　執筆過程の生理学 1994-1996』（みすず書房、2018年）。
□最相葉月『れる　られる（シリーズここで生きる）』（岩波書店、2015年）。
□國分功一郎『中動態の世界——意志と責任の考古学』（医学書院、2017年）。
□カロリン・エムケ『憎しみに抗って——不純なるものへの賛歌』浅井晶子訳（みすず書房、2018年）。
□新井勝紘『五日市憲法』（岩波新書、2018年）。
□内田博文『治安維持法と共謀罪』（岩波新書、2017年）。
□荻野富士夫氏『よみがえる戦時体制——治安体制の歴史と現在』（集英社新書、2018年）。
□中村くみ子編著、伊藤朝日太郎監修『憲法ドリル——憲法って何？がわかる！　現代語訳日本国憲法』（高文研、2018年）。
□トム・ハンクス『変わったタイプ』小川高義訳（新潮社クレストブックス、2018年）。
□レベッカ・ソルニット『説教したがる男たち』ハーン小路恭子訳（左右社、2018年）。
□朝岡勝・大嶋重徳『教えてパスターズ!!』（キリスト新聞社、2018年）。
□丸山忠孝『十字架と桜——キリスト教と日本の接点に生きる』（いのちのことば社、2019年）。
□藤藪庸一『あなたを諦めない——自殺救済の現場から』（いのちのことば社、2019年）。
□塩谷直也『視点を変えて見てみれば—— 19歳からのキリスト教』

日本キリスト教団出版局、2019年)。
□関根清三『内村鑑三——その聖書読解と危機の時代』(筑摩選書、2019年)。
□大嶋重徳『若者に届く説教——礼拝・CS・ユースキャンプ』(教文館、2019年)。
□石原知弘『バルト神学とオランダ改革派教会——危機と再建の時代の神学者たち』大森講座XXXIII(新教出版社、2019年)。
□トーマス.G.ロング『歌いつつ聖徒らとともに——キリスト者の死と教会の葬儀』吉村和雄訳(日本キリスト教団出版局、2013年)。
□中村佐知『隣に座って——スキルス胃がんと闘った娘との11か月』(いのちのことば社、2019年)。
□荒木優太『在野研究ビギナーズ——勝手に始める研究生活』(明石書店、2019年)。
□同上『これからのエリック・ホッファーのために——在野研究者の生と心得』(東京書籍、2016年)。
□ケネス・ルオフ『国民の天皇——戦後日本の民主主義と天皇制』高橋紘監修(岩波現代文庫、2009年)。
□松永美穂『シュピリ「アルプスの少女ハイジ」2019年六月(NHK100分de名著)ムック』(NHK出版、2019年)。
□栗林輝夫『荊冠の神学——被差別部落解放とキリスト教』(新教出版社、1991年)。
□ジェイムズ.H.コーン『誰にも言わないと言ったけれど——黒人神学と私』榎本空訳(新教出版社、2020年)。
□ジョン・クロード・ラルシェ『病の神学』二階宗人訳(教友社、2020年)。
□ニクラウス・ペーター『さまよう羊——ヤコブとルツの物語』大石周平訳(一麦出版社、2020年)。
□トーマス・ロング『何かが起ころうとしている——アドヴェント・

クリスマス説教集』平野克己・笠原信一訳（教文館、2010 年）。

□森岡正博『生まれてこないほうが良かったのか？』（筑摩選書、2020 年）。

□レベッカ・ソルニット『それを、真の名で呼ぶならば――危機の時代の言葉の力』渡辺由佳里訳（岩波書店、2020 年）。

□伊藤亜沙『手の倫理』（講談社選書メチエ、2020 年）。

□大嶋裕香『絵本へのとびら』（教文館、2020 年）。

□吉田千亜『孤塁――双葉郡消防士たちの 3・11』（岩波書店、2020 年）。

□『左近淑著作集（全 5 巻＋別巻）』（教文館、1992-1998 年）。

□松谷曄介編訳『香港の民主化運動と信教の自由』（教文館、2021 年）。

□日本同盟基督教団教団史編纂委員会編『日本同盟基督教団 130 年史』（いのちのことば社、2021 年）。

□中道基夫編『ペンテコステからの旅路　新版・教会暦による説教集』（キリスト新聞社、2021 年）。

□ H. J. セルダーハウス『カルヴァンの詩編の神学』石原知弘訳（教文館、2021 年）。

□ゲアハルト・フォン・ラート『ナチ時代に旧約聖書を読む――フォン・ラート講演集』荒井章三編訳（教文館、2021 年）。

□魯恩碩『ICU 式「神学的」人生講義――この理不尽な世界で「なぜ」と問う』（CCC メディアハウス、2021 年）。

□クリスティアン・メラー『魂の配慮としての説教―― 12 の自伝的・神学的出会い』小泉健訳（教文館、2014 年）。

□安克昌『増補新版　心の傷を癒やすということ』（作品社、2019 年）。

□河村直哉『精神科医・安克昌さんが遺したもの――大震災、心の傷、家族との最後の日々と長く関わり』（作品社、2019 年）。

□谷川俊太郎『どこからか言葉が』（朝日新聞出版、2021 年）。
□レベッカ・ソルニット『私たちが沈黙させられるいくつかの問い』ハーン小路恭子訳（左右社、2021 年）。
□水草修治『新・神を愛するための神学講座』（地引網出版、2022 年）。
□青木義紀『フランソワ・トレティーニの神論――その神学的内容とスコラ的方法論』大森講座 XXXVI（新教出版社、2022 年）。
□浅野淳博『死といのちのメタファ――キリスト教贖罪論とその批判への聖書的応答』（新教出版社、2022 年）。
□袴田康裕『ウェストミンスター信仰告白講解（上巻）』（一麦出版社、2022 年）。
□西原廉太・大宮有博編『栗林輝夫セレクション 1　日本で神学する』（新教出版社、2017 年）。
□大宮有博・西原廉太編『栗林輝夫セレクション 2　アメリカ現代神学の航海図』（新教出版社、2018 年）。
□藤原淳賀編『大災害の神学』（キリスト新聞社、2022 年）。
□朝岡勝・松谷曄介・森島豊編『夜明けを共に待ちながら――香港への祈り』（教文館、2022 年）。
□平良愛香監修『LGBT とキリスト教―― 20 人のストーリー』（日本キリスト教団出版局、2022 年）。
□大嶋重徳『10 代から始めるキリスト教教理』（いのちのことば社、2022 年）。
□奥田知志『ユダよ、帰れ――コロナの時代に聖書を読む』（新教出版社、2022 年）。
□平野克己『十字架上の七つの言葉――イエスの叫びに教会は建つ』（キリスト新聞社、2022 年）。
□小友聡『絶望に寄りそう聖書のことば』（ちくま新書、2022 年）。
□並木浩一・奥泉光『旧約聖書がわかる本――〈対話〉でひもとくそ

の世界』（河出新書、2022年）。
□奥泉光・加藤陽子『この国の戦争――太平洋戦争をどう読むか』（河出新書、2022年）。
□加藤陽子『この国のかたちを見つめ直す』（毎日新聞出版、2021年）。
□エリック・クリネンバーグ『集まる場所が必要だ――孤立を防ぎ、暮らしを守る「開かれた場」の社会学』藤原朝子訳（英治出版、2021年）。
□北丸雄二『愛と差別と友情とLGBTQ＋――言葉で闘うアメリカの記録と内在する私たちの正体』（人々舎、2021年）。
□牟田都子『文にあたる』（亜紀書房、2022年）。
□安積力也『〈出発する人間〉へ――何において“自分を確かに”するか』（東京基督教大学、2022年）。
□内田和彦『私たちは勇気を失いません――病と闘う青年に宛てた41通の手紙』（いのちのことば社、2022年）。
□榎本空『それで君の声はどこにあるんだ？――黒人神学から学んだこと』（岩波書店、2022年）。
□袴田康裕『ウェストミンスター信仰告白講解（下巻）』（一麦出版社、2023年）。
□松谷好明『〈ウェストミンスター信仰告白〉歴史的・分析的註解』（一麦出版社、2023年）。
□本城仰太『使徒信条の歴史』（教文館、2023年）。
□堀江洋文『ハインリヒ・ブリンガー――ヨーロッパ宗教改革』（一麦出版社、2023年）。
□『安田吉三郎著作集第1巻　創世記講義Ⅰ』（いのちのことば社、2023年）。
□浅野淳博『新約聖書の時代――アイデンティティを模索するキリスト共同体』（教文館、2023年）。

□山口希生『ユダヤ人も異邦人もなく――パウロ研究の新潮流』（新教出版社、2023年）。

□川島堅二監修・齋藤篤、竹迫之『わたしが「カルト」に？――ゆがんだ支配はすぐそこに』（日本キリスト教団出版局、2023年）。

□『説教黙想アレテイア叢書　三要文深読――十戒・主の祈り』（日本キリスト教団出版局、2023年）。

□『説教黙想アレテイア叢書　三要文深読――使徒信条』（日本キリスト教団出版局、2023年）。

□山口陽一『近代日本のクリスチャン経営者たち』（いのちのことば社、2023年）。

□岡村直樹『日常の神学――今さら聞けない あのこと、このこと』（いのちのことば社、2023年）。

□遠藤勝信『愛の心を育む――大学チャペルでのキリスト教講話』（ヨベル、2023年）。

□水草修治『私は山に向かって目を上げる――信州南佐久における宣教と教会開拓』（地引網出版、2023年）。

□中島学『塀の中のジレンマと挑戦――矯正施設における刑法・少年法の影響と課題』（明石書店、2023年）。

□渡部敬直『草の根の叫び――町のヤスクニ闘争の記録』（復刻版、2023年）。

□マルコム・ボイド『走者イエス』宇都宮秀和訳（新教出版社、1976年）。

□佐藤厚志『荒地の家族』（新潮社、2023年）。

□エリカ・チェノウェス『市民的抵抗――非暴力が社会を変える』小林綾子訳（白水社、2022年）。

□清水亮『「軍都」を生きる――霞ヶ浦の生活史 1919-1968（岩波書店、2023年）。

□鈴木敏夫責任編集『スタジオジブリ物語』（集英社新書、2023年）。

□同上『歳月』（岩波書店、2023年）。
□最相葉月『中井久夫——人と仕事』（みすず書房、2023年）。
□同上『証し——日本のキリスト者』（角川書店、2023年）。
□ hi-b.a.・川口竜太郎『Friends of God. いのちの糧366日』（いのちのことば社、2024年）。
□池沢夏樹『また会う日まで』（朝日新聞出版、2023年）。
□村上春樹『街とその不確かな壁』（新潮社、2023年）。
□同上『騎士団長殺し　第1部　顕れるイデア編』（新潮社、2017年）。
□同上『騎士団長殺し　第2部　遷ろうメタファー編』（新潮社、2017年）。
□同上『1Q84 Book1〈4月-6月〉』（新潮社、2009年）。
□同上『1Q84 Book2〈7月-9月〉』（新潮社、2009年）。
□同上『1Q84 Book3〈10月-12月〉』（新潮社、2010年）。
□同上『走ることについて語るときに僕のかたること』（文藝春秋、2007年）。
□同上『村上春樹雑文集』（新潮文庫、2015年）。
□同上『夢を見るために毎朝僕は目覚めるのです——村上春樹インタビュー集 1997-2011』（文春文庫、2012年）。
□同上『国境の南、太陽の西』（講談社文庫、1995年）。
□同上『一人称単数』（文藝春秋、2020年）。
□同上『色彩を持たない多崎つくると彼の巡礼の年』（文春文庫、2015年）。
□同上・川上未映子『みみずくは黄昏に飛び立つ』（新潮文庫、2017年）。
□同上『意味がなければスイングはない』（文春文庫、2008年）。
□同上・大橋歩画『村上ラヂオ』（新潮文庫、2003年）。
□同上『村上ラヂオ2 ——おおきなかぶ、むずかしいアボカド』（新

潮文庫、2011年)。
□同上『村上ラヂオ3 ——サラダ好きのライオン』(新潮文庫、2012年)。
□同上・和田誠『ポートレイト・イン・ジャズ』(新潮文庫、2001年)。
□同上『女のいない男たち』(文春文庫、2016年)。
□同上『村上T ——僕の愛したTシャツたち』(マガジンハウス、2020年)。
□同上『デヴィッド・ストーン・マーティンの素晴らしき世界』(文藝春秋、2024年)。
□同上『職業としての小説家』(新潮社、2015年)。
□同上・小澤征爾『小澤征爾さんと、音楽について話をする』(新潮社、2011年)。
□同上『古くて素敵なクラシックレコードたち』(文藝春秋、2021年)。
□同上『更に、古くて素敵なクラシック・レコードたち』(文藝春秋、2022年)。
□原田マハ『デトロイト美術館の奇跡』(新潮文庫、2016年)。
□同上『たゆたえども沈まず』(幻冬舎文庫、2020年)。
□同上『ゴッホのあしあと』(幻冬舎文庫、2020年)。
□同上『奇跡の人』(双葉文庫、2018年)。
□同上『本日は、お日柄もよく』(徳間文庫、2013年)。
□同上『モネのあしあと』(幻冬舎文庫、2021年)。
□同上『〈あの絵〉のまえで』(幻冬舎文庫、2022年)。
□同上『生きるぼくら』(徳間文庫、2015年)。
□同上『常設展示室』(新潮文庫、2018年)。
□同上『リボルバー』(幻冬舎文庫、2023年)。
□同上『楽園のカンバス』(新潮文庫、2014年)。

□同上『暗幕のゲルニカ』(新潮文庫、2018年)。
□同上『美しき愚かものたちのタブロー』(文春文庫、2022年)。
□同上『リーチ先生』(集英社文庫、2019年)。
□同上『サロメ』(文春文庫、2020年)。
□鈴木裕介『心療内科医が教える本当の休み方』(アスコム、2023年)。
□松浦弥太郎『エッセイストのように生きる』(光文社、2023年)。
□レベッカ・ソルニット『暗闇の中の希望』井上利男・東辻賢治郎訳(ちくま文庫、2023年)。
□瀬尾夏美『声の地層――災禍と痛みを語ること』(生きのびるブックス、2024年)。
□同上『あわいゆくころ――陸前高田、震災後を生きる』(晶文社、2019年)。
□瀬尾他『10年目の手記――震災体験を書く、よむ、編みなおす』(いきのびるブックス、2022年)。
□島田潤一郎『長い読書』みすず書房、2024年)。
□齋藤五十三『神の子とする恵み――宗教改革信条史における「神の子」概念再考』(教文館、2024年)。
□須藤英幸『ルターの恩恵論と「十字架の神学」――マルティン・ルターの神学的挑戦』(教文館、2024年)。
□ハンス・キュンク『イエス』福嶋揚訳(図書出版ヘウレーカ、2024年)。
□中村寿夫『牧師夫妻のがんばらない恵老生活』(いのちのことば社、2024年)。
□カール・バルト『説教と神の言葉の神学』加藤常昭・楠原博行訳(教文館、2024年)。
□塩谷直也『月曜日の復活――「説教」終えて日が暮れて』(日本キリスト教団出版局、2024年)。

□カール・バルト『キリスト教的生（Ⅰ・Ⅱ）』天野有訳（新教出版社、1998年）。
□ヤロスラフ・ペリカン『キリスト教教理の伝統　教理発展の歴史（全5巻）』鈴木浩訳（教文館、2006-2008年）。
□『内村鑑三全集（全40巻）』（岩波書店、1980-1984年）。
□『アウグスティヌス著作集（全30巻＋別巻2巻）』（教文館、1979-2023年）。
□トマス・アクィナス『神学大全（全45巻）』（創文社、1960-2012年）。
□『日本の説教（Ⅰシリーズ全15巻、Ⅱシリーズ全14巻）』（日本キリスト教団出版局、2003-2007年）。
□安酸敏眞『人文学概論　増補改訂版』（知泉書館、2018年）。

僕の単著

□『21世紀ブックレット43「バルメン宣言を読む」――告白に生きる信仰』（いのちのことば社、2011年）、後に『増補改訂「バルメン宣言」を読む――告白に生きる信仰』（いのちのことば社、2018年）。
□『3.11ブックレット〈あの日〉以後を生きる――走りつつ、悩みつつ、祈りつつ』（いのちのことば社、2014年）。
□『ニカイア信条を読む――信じ、告白し、待ち望む』（いのちのことば社、2016年）。
□『ハイデルベルク信仰問答を読む――キリストのものとされて生きる』（いのちのことば社、2017年）。
□『カイロス・ブックス1　剣を鋤に、槍を鎌に――キリスト者として憲法を考える』（いのちのことば社、2018年）。
□『教会に生きる喜び――牧師と信徒のための教会論入門』（教文館、2018年）。

□『喜びの知らせ——説教による教理入門』（いのちのことば社、2020年）。
□『光を仰いで——クリスマスを待ち望む 25 のメッセージ』（いのちのことば社、2021 年）。
□『大いに喜んで——ヨハネの手紙第二、第三講解説教』（教文館、2022 年）。
□『信じること、生きること——大人になった「僕」が、10 代の「僕」に伝えたいこと』（いのちのことば社、2024 年）。
□『三位一体の神と語らう——祈りの作法』（いのちのことば社、2024年）。

著者紹介

朝岡 勝（あさおか・まさる）

1968年茨城県出身。東京基督教短期大学、神戸改革派神学校卒。岡山、東京での伝道牧会、学校法人東京キリスト教学園理事長を経て、現在、日本同盟基督教団市原平安教会牧師。

著書　『ニカイア信条を読む』『ハイデルベルク信仰問答を読む』『増補改訂「バルメン宣言」を読む』『喜びの知らせ』『光を仰いで』『信じること、生きること』『三位一体の神と語らう』ほか（以上、いのちのことば社）、『教会に生きる喜び』『大いに喜んで』（教文館）ほか。

装丁　長尾 優

読みつつ生き、生きつつ読む——自伝的読書論

2024年12月25日　第1版第1刷発行

著者　朝　岡　勝

発行所　株式会社キリスト新聞社

〒112-0014 東京都文京区関口1-44-4　宗屋関口ビル7階

電話03(5579)2432

URL. http://www.kirishin.com

E-Mail. support@kirishin.com

印刷所　新生宣教団

ISBN978-4-87395-836-1　C0016